LUCA STEFANO CRISTINI

MAHLER
ICH BIN DER WELT ABHANDEN GEKOMMEN

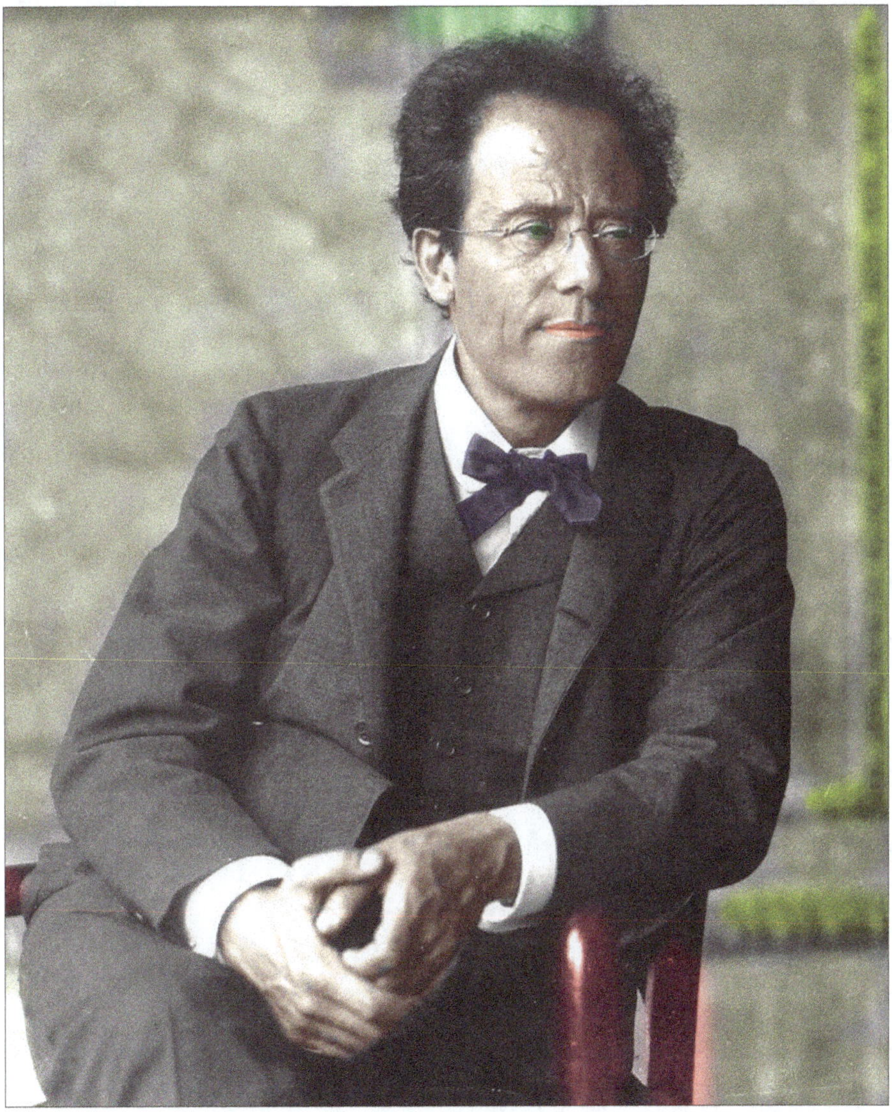

AUTOR:

Luca Stefano Cristini, geboren in Bergamo, Italien, ist ein bekannter Autor für Militärgeschichte. Er kann auf zahlreiche Veröffentlichungen verweisen. Zu seinen wichtigsten Werken gehört das fünfbändige Werk über den 30-jährigen Krieg (1618-1648). In der Reihe der Biographien ist dies sein drittes Werk.

REDAKTIONELLE ANMERKUNGEN

Alle Inhalte unserer Bücher, egal in welcher Form (gedruckt, elektronisch oder anderweitig) sind urheberrechtlich durch Soldiershop.com geschützt. Die Rechte der Übersetzung, der Vervielfältigung, der Speicherung mit beliebigen Mitteln, digital, fotografisch, fotokopiert, etc. sind für alle Länder vorbehalten. Keines der Bilder in unseren Büchern darf ohne die schriftliche Genehmigung von Luca Cristini editore reproduziert werden. Für zweifelhafte ikonografische Quellen oder für Bilder, deren Quelle nicht gefunden werden konnte, steht der Herausgeber den Urheberrechtsinhabern zur Verfügung.
Die Marken Soldiershop Publishing ©, Bookmoon sind Eigentum des Herausgebers Luca Cristini; eine externe Verwendung ist daher nicht gestattet.

REDAKTIONELLE DANKE

Ein besonderer Dank geht an den mein Freund Peter Hulmann, der den Text und die Übersetzung überprüft hat.
Ein großer Dank auch an die großartige Musikwissenschaftlerin und Orchesterdirektor Sybille Werner für ihre wertvollen Ratschläge zur deutschen Übersetzung des Buches über Mahler. Ich habe mein Bestes getan, um ihnen zu folgen..

an meine Alma

ISBN: 9791255891611   1. Auflage: September 2024
MAHLER - Ich bin der welt abhanden gekommen (Historical Biographies 004)
on Luca Stefano Cristini. Neukolorierungen durch den Autor.
Editor: LUCA CRISTINI EDITORE. Cover & Art Design: L. S. Cristini.

Auf der Titelseite: Gustav Mahler in den Niederlanden.
Auf der Vorderseite Mahler mit Freunden in Prag, auf der nächsten Seite eine Karikatur, die dem Musiker gewidmet ist, der ein ständiges Ziel der satirischen Presse ist.
Auf der Rückseite ein Porträt von Gustav Mahler

LUCA STEFANO CRISTINI

MAHLER
ICH BIN DER WELT ABHANDEN GEKOMMEN

WORWORT

ICH BIN DER WELT ABHANDEN GEKOMMEN

Als Untertitel dieser Gustav-Mahler-Studie habe ich die außergewöhnliche Inschrift dieses Mahler-Liedes gewählt, das sicherlich zu den schönsten des großen Meisters gehört. Es ist der Höhepunkt der gesamten Sammlung wunderbarer *Rückertlieder*. Der Text beschreibt auch sehr gut die persönlichen Ängste Gustav Mahlers:

Ich bin jetzt für die Welt verloren, mit der ich früher viel Zeit vergeudet habe; jetzt hat sie so lange nichts von mir gehört und ist vielleicht sogar überzeugt, dass ich tot bin!
Aber wenn die Welt denkt, ich sei tot, ist mir das egal. Denn ich bin wirklich tot für die Welt. Und ich ruhe schließlich an einem stillen Ort, wo ich allein in meinem Himmel lebe,
in meiner Liebe, in meinem Gesang.ì

Gustav Mahler - österreichischer Komponist und Dirigent, geboren 1860 in Kalischt in Böhmen, gestorben 1911 in Wien. Als sensibler Interpret einer krisengeschüttelten und dem Untergang nahen Welt führte Mahler die romantische Sprache zu einer extremen Entwicklung und leistete Pionierarbeit bei der Entwicklung der Dodekaphonie durch seine Schüler Berg und Schoenberg.
Eine Säule der Musik an der Wende vom 19. zum 20. Jahrhundert. Ein Künstler mit einer problematischen und hochkomplexen Persönlichkeit (er war einer der ersten, der mit der Psychoanalyse von Freud experimentierte).
Als Dirigent erlangte er zu Lebzeiten außergewöhnlichen Ruhm für seinen modernen und äußerst innovativen Interpretationsstil. Sein Ruhm als Komponist hingegen ist jüngere Geschichte und hat sich erst in den 1960er Jahren voll entfaltet. Mahler komponierte zehn Sinfonien sowie zahlreiche Lieder. Er war der Ehemann der zwanzig Jahre jüngeren, vulkanischen und temperamentvollen Alma Schindler. Eine unruhige und intensive Beziehung, die das Leben und die Kreativität des Meisters stark beeinflusste.
Dies und vieles mehr wird in diesem Buch erzählt.

Luca Cristini

INHALT:

MAHLER

- Leben .... Seite 7

- Der Mann .... Seite 19

- Alma die Windbraut .... Seite 19

- Mahlers andere Frauen .... Seite 31

- Mahler auf Freuds Couch .... Seite 41

- Die Musik .... Seite 57

- Gesamtverzeichnis der Werke .... Seite 87

▲ Kaliste (Böhmen) Mahlers Geburtsort, wo der Komponist nur vier Monate lebte, bevor die ganze Familie nach Iglau zog.

▶ Mahler, ein sechsjähriger Junge in Iglau, legt seine rechte Hand deutlich auf eine Partitur.

LEBEN

Kalischt, Iglau, Ljubljana, Olomouc, Kassel, Praga, Leipzig, Hamburg, Budapest, Wien und New York!

"Ich bin dreimal heimatlos - als gebürtiger Böhme bei den Österreichern, als Österreicher bei den Deutschen und als Jude in der ganzen Welt. Überall ist man ein Eindringling, nirgends 'erwünscht'."   *Gustav Mahler*

Kalischt, ein abgelegenes böhmisches Dorf fast an der Grenze zu Mähren. "Hier wurde Gustav Mahler am 7. Juli 1860 als Sohn von Bernhard und Marie Hermann geboren. Seine Familie war aschkenasisch-jüdischer Herkunft und deutschsprachig. Der Nachname leitet sich nicht von dem deutschen Wort Maler ab, sondern von dem hebräischen "der Beschneider". Vier Monate nach seiner Geburt zog die Familie nach Iglau. Der Vater war Schnapsbrenner, Fuhrmann und Gastwirt, aber er hatte eine Vorliebe für die Musik, und er war es, der seinen Sohn anleitete und schließlich in dieser Laufbahn unterstützte.

Die Mutter, eine sehr unglückliche Frau, wurde von der Familie ihrem tyrannischen Ehemann zugeteilt, obwohl sie in einen anderen Mann verliebt war. Das Ergebnis war eine höllische Ehe, in der sie Zeit fand, nicht weniger als 14 Kinder zu zeugen! Gustav war ihr zweiter Sohn, der nach dem Tod des ersten, Isidor, geboren wurde.

Mahlers Kindheit war eine sehr traurige, die durch den Tod mehrerer Brüder geprägt war. Nicht weniger als neun Brüder, die nach ihm geboren wurden, starben bereits in jungen Jahren. Sicherlich haben diese tragischen Erinnerungen die Präsenz seiner Musik durch mehrere Trauermärsche und in den zu Herzen gehenden Liedern, insbesondere in der Sammlung der Kindertotenlieder, stark beeinflusst.

Iglau

Das erste bekannte Foto von Mahler stammt aus den Iglauer Jahren, als er fünf oder sechs Jahre alt war, und zeigt ihn neben einem Stuhl, mit einem Strohhut in der linken Hand, während seine rechte Hand bezeichnenderweise auf einer Partitur ruht. Iglau war damals eine kleine tschechische Stadt, in der jedoch überwiegendes Deutsch gesprochen wurde und in der sich ein Militärbezirk befand, und wurde daher immer von Blaskapellen, Fanfarenklängen, Trompeten und Trommlern durchkreuzt. Andere Details, die der junge Mahler in seinem Unterbewusstsein abspeicherte und die seine Erinnerungen wiederum in seine Musik transportierten, vor allem in den Witzen.

In dem großen Haus in Iglau entdeckte Mahler im Keller ein Klavier, das ihm so gut gefiel, dass er bereits im Alter von acht Jahren eine eigene kleine Schar von Schülern hatte. Für seinen Vater war das ein deutliches Zeichen. Er bat den Pianisten Julius Epstein um Hilfe, dem es zu verdanken war, dass Gustav 1875 in das Wiener Konservatorium eintreten konnte. Dieses Institut besuchte er drei Jahre lang und erntete Anerkennung und Eifersucht, wahrscheinlich wegen seiner schlechten Laune. Seine engsten Freunde in Wien waren Hugo Wolf, Hans Rott, die Brüder Rosé sowie Rudolf und Heinrich Krzyzanowski. Die Freundschaft mit Wolf, einem späteren großen Liedkomponisten, wurde durch ein konkurrierendes Werk unterbrochen, die Oper

▲ Marie Hermann Mahlers Mutter brachte neben Gustav, der unglücklichen Frau, 14 Kinder zur Welt, von denen viele im Säuglingsalter starben.

▶ Der Hauptplatz in Jglau auf einem historischen Foto aus dem frühen 20. Jahrhundert.

▶ Bernhard Mahler, der das Verdienst hatte, die Liebe seines Sohnes zur Musik zu verstehen.

Rübezahl, die von Mahler geschrieben wurde, aber Ideen verwendete, die Wolf als seine eigenen ansah.
Bei Rott war diese seltsame kreative Symbiose noch deutlicher. Die erste Sinfonie, der Titan, enthält in der Tat viele Elemente, die aus einer früheren Sinfonie von Hans Rott stammen. Ich verweise Sie auf das Kapitel, in dem dies behandelt wird.
Gustavs Glück am Konservatorium wurde jedoch durch die Wertschätzung seiner Professoren wie Anton Bruckner, vor allem aber durch seinen Professor Julius Epstein begünstigt, der sein großes Potenzial sofort erkannte, so sehr, dass er die Hälfte der Studiengebühren für den jungen Musiker aus eigener Tasche bezahlte.

Schnelle Karriere als Dirigent

Nach Abschluss seines Studiums am Konservatorium erhielt Mahler im Sommer 1880 seine erste Anstellung als Assistenzdirigent in Bad Hall, wo Operetten auf dem Spielplan standen. Hier nahm die heitere Umgebung keine Notiz von dem jungen Musiker, der zu dieser Zeit bereits ein ernster, sozialistischer Geist war, und er nutzte diese formale Aufgabe, um seine ersten Werke zu komponieren. Im Jahr 1881 finden wir ihn in Ljubljana, der Hauptstadt Sloweniens, beschäftigt. Zu Beginn des Jahres 1883 wenden wir uns nach Olmütz, wo wir einen unsichtbaren, bärtigen Mahler kennenlernen, eine ästhetische Entscheidung, die er traf, um der ersten Liebe seines Lebens, Fräulein Poisl, zu gefallen.
Ebenfalls 1883, aber im August, ist Mahler in Kassel, wo er sich in die Sängerin Johanna Richter verliebt, die ihn dazu bringt, seinen Bart abzurasieren und stattdessen einen feinen Schnurrbart zu tragen, wie es damals Mode war. In einem unaufhaltsamen Crescendo, umgeben von wachsender Wertschätzung, dirigierte Mahler im Alter von nur 25 Jahren 1885 Mozarts Don Giovanni am Prager

Theater, eine Regie, die die herzliche Zustimmung des älteren Brahms fand, der am Ende der Aufführung in den Orchestergraben kam, um ihn zu umarmen. Ab 1886 folgte er der Leipziger Oper, wo Mahler zwei Spielzeiten dirigierte, bis er 1888 nach Budapest, der Vize-Hauptstadt des Habsburgerreiches, wechselte.

Während seiner ungarischen Jahre verlor Mahler 1889 seine beiden Eltern und wurde plötzlich zum Familienoberhaupt. Seine ersten Handlungen bestanden darin, das Geschäft seines Vaters zu liquidieren und das Erbe unter seinen Schwestern aufzuteilen, darunter Leopoldine, die durch einen tragischen Zufall noch im selben Jahr starb. Er hatte nun die überlebenden Geschwister im Nacken: den rücksichtslosen Alois, einen verschuldeten Mythomanen, der als Bäcker in Chicago landete.

Sein Bruder Otto, ebenfalls ein begabter Musiker, beging im Alter von einundzwanzig Jahren Selbstmord und hinterließ einen Zettel, auf dem stand: Ich gebe mein Leben an den Absender zurück.

Die Schwestern Emma und Justine, die einzige, zu der Gustav eine aufrichtige Zuneigung empfindet und die sich eine Zeit lang um ihren Bruder kümmert.

Gemeinsam mit Justine in der Rolle der eifersüchtigen Mutter-Schwester wird Mahler drei Jahre lang in der ungarischen Hauptstadt verbringen. "Hier wird Mahler seine erste Sinfonie zum ersten Mal aufführen. Im darauffolgenden Sommer reist er nach einem kurzen Besuch in Iglau nach München, wo er sich wegen seiner sich verschlimmernden Hämorrhoiden einer Operation unterzieht.

In Budapest wie auch später in Wien führten Neid und Missverständnisse zu seinem Abschied vom ungarischen Theater. Auf dem Bahnhof, von dem aus Mahler nach Hause zurückkehrte, versammelte sich eine Schar von Bewunderern, viele mit Tränen in den Augen. Eine Delegation von ihnen ging auf den Maestro zu und überreichte ihm einen silbernen Taktstock mit der Aufschrift: "Gustav Mahler, dem genialen Künstler, seinen Bewunderern in Budapest!

Nach Budapest zog Mahler nach Hamburg, der Stadt von Brahms, wo er die Jahre 1891 bis 1897 verbrachte.

In Hamburg verlor er nach seinem Bart auch seinen Schnurrbart vollständig, der dem Künstler nie wieder

▶ Professor Julius Epstein gehörte mit Bruckner zu den ersten Lehrern, die an das Genie Gustav Mahlers glaubten.

▲ Über dem Haus, in dem Mahler während seiner Zeit als Dirigent in der mährischen Stadt Olomouc lebte.

▶ Auf der gegenüberliegenden Seite das Haus, in dem der Musiker in den Jahren di Lipsia.

▲ Zwei Porträtfotos von Gustav Mahler, das linke mit dem revolutionären Bart, das in Olmütz entstand und nach Kassel weitergeführt wurde (wo das Foto aufgenommen wurde), das zweite rechts zeigt ihn bartlos und ohne Schnurrbart in seinem neuen Amt in Hamburg.

nachwuchs. Während der langen Jahre in Hamburg lernte Mahler die Wiener Sängerin Anna von Mildenburg kennen und lieben, es war immer eine stürmische Beziehung, die sogar in einer stürmischen Ehe zu enden drohte, als die Sängerin überraschend mit einem Priester in seinem Atelier auftauchte. Mahler konnte die emotionalen Ausbrüche der Sängerin, die einige Jahre später einen bekannten Intellektuellen der *Wiener Sezession*, Hermann Bahr, heiratete, kaum unter Kontrolle halten! In der Hansestadt konvertierte Mahler zum Katholizismus, eine Entscheidung, die aufgrund des Antisemitismus, der seine Karriere zu blockieren drohte, gewissermaßen erzwungen war.

Von 1893 bis 1896 verbrachte Mahler seine Sommerferien in Steinbach am Attersee in Österreich, wo er die Symphonie Nr. 1 überarbeitete, seine zweite Symphonie komponierte, seine dritte Symphonie skizzierte und die meisten Lieder aus dem Zyklus Des Knaben Wunderhorn schrieb, der auf einem berühmten Gedichtzyklus von Achim von Arnim und Clemens Brentano basiert.

Wie schon später in Maiernigg und Toblach komponierte der Musiker seine Musik in einem kleinen *Komponierhäuschen* am See. Mit der Zeit wurde die Hütte zur Waschküche des nahegelegenen Hotels und dann sogar zur Toilette. In den letzten Jahren hat die Mahler-Gesellschaft in Wien die Hütte wiedergefunden und ein kleines Museum darin eingerichtet!

▲ Mahler, der Vierte von rechts in der zweiten Reihe, mit einer vage japanischen Note. Zusammen mit den Orchesterspielern in Budapest, als er das bedeutende ungarische Theater dirigierte.

▶ Das Mahler-Haus in der Aubenfrugrregasse in Wien.

▶ Die Wiener Staatsoper, eines der renommiertesten Theater der Welt, war der Höhepunkt von Gustav Mahlers Karriere

WIEN

1897 erhielt der siebenunddreißigjährige Mahler seinen prestigeträchtigsten Posten: Direktor der k.u.k.-Hofoper (heute Wiener Staatsoper), d.h. der bedeutendsten musikalischen Einrichtung des österreichischen Kaiserreichs und der Welt; da es sich nach dem geltenden österreichisch-ungarischen Gesetz um ein kaiserliches Amt handelte, durfte der zu Ernennende kein Jude sein.

Mahler, der nie ein gläubiger und praktizierender Jude gewesen war, konvertierte aus pragmatischen Gründen zum Katholizismus. Er war jedoch nie in irgendeiner Form praktizierend, betrat die Kirche nur zu seiner Hochzeit und Beerdigung und bezeichnete sich oft als Agnostiker. Dennoch sind Bezüge zur sakralen Welt in seiner Musik sehr präsent, vor allem im ersten Satz der 8. Sinfonie mit dem katholischen Hymnus *Veni creator spiritus*. *Auf jeden Fall sind* der jüdische Geist und der jüdische Stil in seiner Musik weitgehend präsent, wie zum Beispiel die Verwendung von Themen im *Klezmer-Stil* im dritten Satz der ersten Sinfonie.

Die zehn Jahre, die Mahler als Dirigent an der Wiener Staatsoper verbrachte, bedeuteten eine echte Revolution und einen großen Wandel im Verständnis der Oper. Mahler war eine echte Revolution des Geschmacks! Doch in den Jahren, in denen er die Wiener Opern dirigierte, wurde das Verhältnis zu den Orchestermusikern immer schwieriger. Sie waren nicht gewillt, Mahlers Perfektionismus und vor allem seinen Autoritarismus zu tolerieren,

Dinge, die von diesem Orchester, das an die Tradition und den Status quo gebunden war, nur schwer verdaut werden konnten. Mahler, der seinen Charakter hatte, setzte denen, die im Namen der Tradition die alten Muster bewahren wollten, den Ruf entgegen: *Tradition ist Schlamperei!*

Mahler war in Wien nicht nur Musikdirektor, sondern auch erster Dirigent, Leiter der von ihm ausgesandten Opern, künstlerischer Leiter und Superintendent.

Zu Beginn des 20. Jahrhunderts war Wien eine der größten und wichtigsten Städte der Welt, das felix Vienna, Hauptstadt eines großen  multinationalen Reiches in Mitteleuropa und ein sehr lebendiges Zentrum in künstlerischer und kultureller Hinsicht; Mahler kannte viele der Intellektuellen und Künstler, die zu dieser Zeit in Wien lebten, darunter die Maler Gustav Klimt und Egon Schiele.

Neun Monate im Jahr arbeitete er an der Oper, die drei Sommermonate verbrachte er in seiner Villa in Kärnten in Maiernigg am Wörthersee, und in dieser Idylle komponierte er vier Sinfonien (fünfte bis achte), die Rückert Lieder, die *Kindertotenlieder*, beide nach Gedichten von Friedrich Rückert, und *Der Tamboursgisell*, das letzte seiner Lieder für *Des Knaben Wunderhorn*.

Unmittelbar nach dem Kauf des Hauses am See krönte Mahler seinen Liebestraum am 9. März 1902, indem er die 20 Jahre jüngere Alma Schindler heiratet, die Stieftochter des bekannten Wiener Malers Carl Moll, des zweiten Mannes

seiner Mutter. Alma war Amateurmusikerin und Komponistin, aber mit einer gewissen Tiefe begabt, doch ihr Mann verbot ihr, weiter zu komponieren.

Alma und Gustav hatten zwei Töchter: Maria Anna (genannt Putzi; 1902-1907), die im Alter von vier Jahren während eines Sommerurlaubs in Maiernigg an Diphtherie starb, und Anna (genannt Gucki; 1904-1988), die ebenfalls an der gleichen Krankheit erkrankte, sich aber davon erholte und als Erwachsene eine berühmte Bildhauerin und Künstlerin wurde und es sogar schaffte, ihre Mutter Alma (die dreimal geheiratet hatte) durch fünf Ehen zu überleben.

Mahler lernte Alma bei einem Abendessen kennen, bei dem die schöne 22-Jährige zwischen zwei Männern saß, die ebenfalls in ihre Schönheit verliebt waren. Es waren der Maler Gustav Klimt und der Schriftsteller Max Burckhard. Die intrigante und wilde Alma, ausgestattet mit einem sprühenden Charakter und bemerkenswerter Intelligenz, hatte keine Schwierigkeiten, mit solch gelehrten und gelehrten Männern zu jonglieren.

Sie ärgerte sich eher darüber, dass diese "Genies" mehr auf ihre Maße achteten, anstatt sie auf der künstlerischen und intellektuellen Ebene zu messen,

der sie sich verschrieben hatte. Sie selbst argumentierte gegen diese vorhersehbare männliche Haltung und verliebte sich schließlich in Mahler, der weder schön noch groß war.

Er war jedoch kultiviert und intelligent, und Alma erkannte seine Genialität, eine Gabe, die sie ihr ganzes Leben lang begleiten sollte, immer an der Seite von Männern höchsten Ranges!

Der Tod ihres Kindes trieb die Familie Mahler schließlich von ihrer Villa am See weg, die verkauft wurde, und sie wählten ein nahe gelegenes Haus in Toblach im Hochpustertal als Sommerresidenz.

Ab 1908 komponierte Mahler hier drei Jahre lang seine Neunte Symphonie, Das Lied von der Erde und die unvollendete Symphonie Nr. 10.

Putzis Tod war laut Alma der Auslöser für den Ehestreit mit Mahler, sicher ist jedoch, dass Almas Ungestüm und Lebenslust sowie der Altersunterschied bald zu ernsthaften Unvereinbarkeitsproblemen zwischen den beiden führten.

Und das tragische Jahr 1907 war das Jahr der Krise an der Wiener Oper. Sie wurde von der antisemitischen Presse angegriffen, die täglich ätzende Satiren an Mahlers Adresse veröffentlichte. Eine der berühmtesten war jene, die Mahler als Vogelscheuche bezeichnete, ein Wortspiel, um auf die ständigen Meinungsverschiedenheiten mit den meisten Sängern hinzuweisen, die aus dem Theater vertrieben wurden.

Sogar die Sympathie, die Mahler mit den Zwölfton-Modernisten Schönberg und Berg verband, wurde als gefährliche potentielle Kontamination angesehen, obwohl Mahler diese Art von Musik nicht sonderlich zu schätzen schien, er diese Figuren aber für sehr würdig hielt. Obwohl er vom Kaiser bis aufs Messer verteidigt wurde, gab Mahler schließlich nach und beendete seine Zusammenarbeit mit der Institution, die so prestigeträchtig war, ihn aber buchstäblich ausgezehrt hatte.

Bevor sie ihren neuen Auftrag in Amerika annahmen, gönnten er und Alma sich eine Reise nach Rom. Eine Reise, die schlecht begann, da ihnen bei ihrer Ankunft in der italienischen Hauptstadt ihr gesamtes Gepäck gestohlen wurde. Sogar die Königin rührte sich und versprach, den unglücklichen Vorfall zu klären, aber sie kam nicht weiter. Im Dezember 1907 erreichten Herr und Frau Mahler auf einer langen Seereise die Vereinigten Staaten. Hier gab er am 18. Januar 1908 sein Debüt am Metropolitan Opera House in New York mit Tristan und Isolde. In Amerika lebte auch einer von Mahlers Brüdern, der rücksichtslose Alois, den Gustav jedoch nicht kennenlernen wollte.

Mahlers Gesundheit war jedoch angeschlagen. Der Arzt, der ihn untersuchen wollte, hatte beim Tod seiner Tochter fast zufällig einen Herzfehler diagnostiziert. Mahler alterte dadurch vorzeitig, so sehr, dass ihn ein Zollbeamter bei seiner Rückkehr aus den USA an der Zollstation fälschlicherweise für Almas Vater und nicht für ihren Ehemann hielt. Toblach war jedoch stets die Sommerfrische der Familie, und hier brach 1910 die schwere Ehekrise aus. Mahler, der von der Entdeckung des Betrugs seiner Frau mit dem jungen preußischen Architekten Walter Gropius betroffen war, wurde geraten, sich an Sigmund Freud zu wenden, der ihn jedoch nur einmal in Holland getroffen hatte und ihm daher nur einige Ratschläge geben konnte.

Freud sagte einige Zeit später, als er sich an diese Episode erinnerte: "Ich hatte die Gelegenheit, die psychologischen Durchdringungsfähigkeiten dieses genialen Mannes zu bewundern. An einem bestimmten Punkt erhellte kein

◄ Eine der berühmten Karikaturen, die sich gegen den Direktor der Wiener Staatsoper richteten. Sie wurden vor allem in der antisemitischen Presse veröffentlicht und waren neben vielen anderen Problemen die Ursache für das Ende von Mahlers Beziehung zu dieser wichtigen künstlerischen Institution in Wien.

▼ Unter den Gebäuden des Metropolitan Opera House in New York im Jahr 1905. Dieses prestigeträchtige Theater war die letzte Station des großen Dirigenten bis zu seinem Tod im Jahr 1911.

▲ Eine weitere Serie der berühmten Karikaturen, die die Wiener Boulevardpresse Mahler widmete.
► Gustav Mahlers Totenmaske wurde von Almas Stiefvater Karl Moll am 19. Mai, dem Tag nach seinem Tod, ausgeführt.

Licht die Symptome seiner Zwangsneurose. Es war wie das Graben mit einem Stock in einem geheimnisvollen Gebäude.

Nach dieser großen Enttäuschung verschlechterte sich Mahlers allgemeiner Gesundheitszustand. Er musste sich wiederholt einer heiklen medizinischen Behandlung unterziehen und wandte sich vergeblich an renommierte Spezialisten, die jedoch nur die Schwere seiner Krankheit, eine bösartige und unheilbare Endokarditis, feststellen konnten. Als sich sein Zustand verschlimmerte, war er gezwungen, seine letzte Saison in New York zu unterbrechen und nach Europa zurückzukehren.

Von Paris aus reiste er dann mit dem Orient-Express. Bei seiner Ankunft in Wien konnte Mahler nicht einmal seine Schwester Justine erkennen, so verzweifelt war seine Lage. Er starb am 18. Mai 1911 in der Wiener Heilanstalt Nieder, er war noch nicht einundfünfzig Jahre alt.

In seinem letzten Delirium wiederholte er endlos den Namen Alma, Alma, aber seine letzten bedeutungsvollen Worte waren Mozart, Mozart!

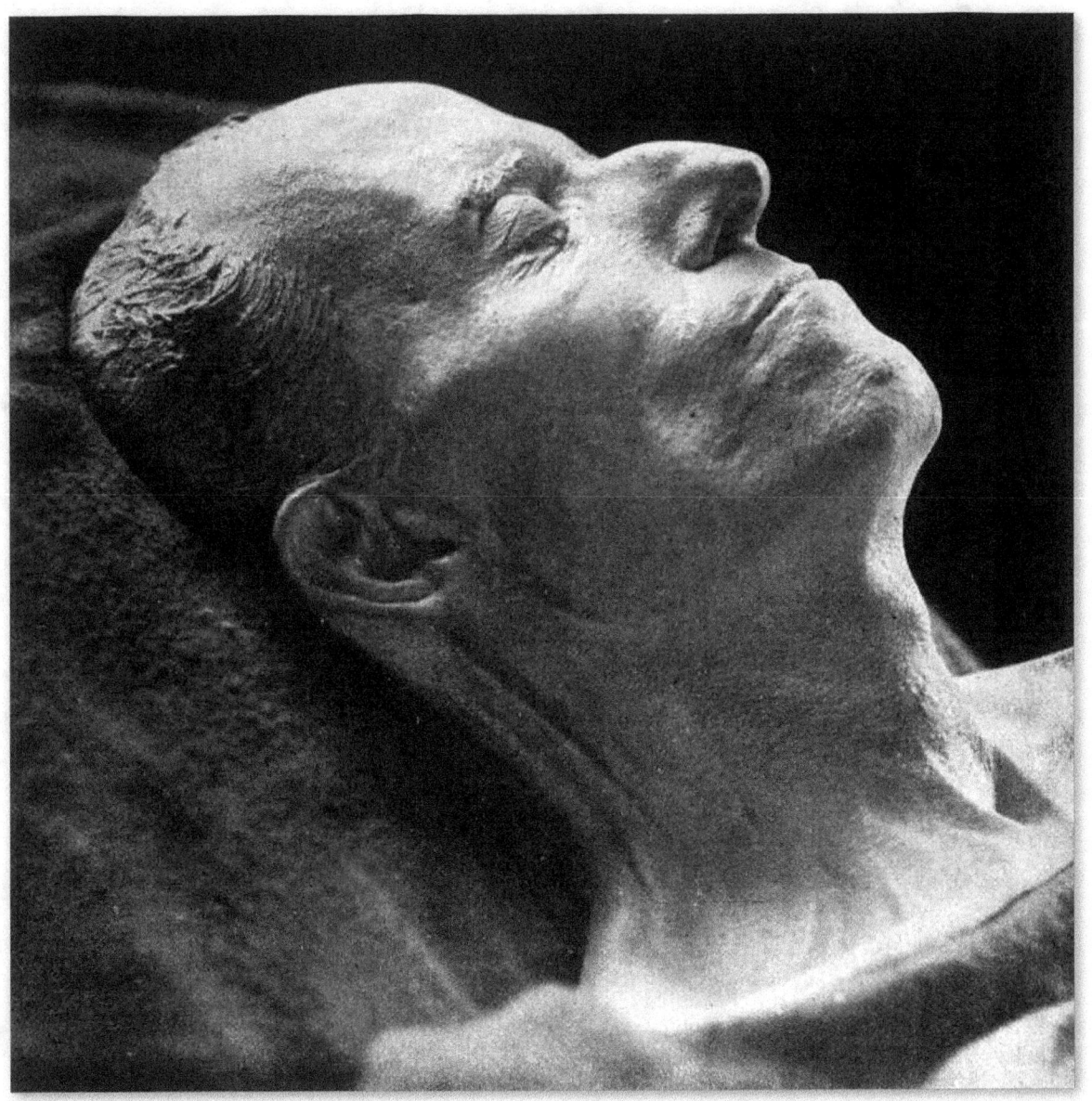

▲ Die blauen Augen von Alma!

▶ Alma war die Tochter des bekannten österreichischen Malers Emil Jakob Schindler: Hier sehen wir sie mit ihren Eltern im Garten ihres Hauses in Plankenberg, Österreich, im Jahr 1890, als das Mädchen 11 Jahre alt war.

MANN

Alma, die Windebraut

"Keiner ist ohne Talent bereit. Jeder muss es in seiner ganzen Intensität anbieten, um zu verführen, um anzuziehen, um zu glänzen. Und eine Pflicht. Diejenigen, die Hilfe brauchen, verdienen es nicht, sie zu erhalten.".

Alma Mahler

Alma, Almschi, Luxerl, Luxl, Almscherl, Almschili, Almschel bis hin zum fast unaussprechlichen Almschiltzilitzilitzili und wieder mein geliebtes Kind, mein Lied, meine Lux, meine Einzige, meine Liebe, meine Freundin, meine Alma, mein Herz, mein Lebensatem usw. bis hin zum Musical: meine Äolsharfe! Dies sind wohl nur einige der vielen Namen und Kosenamen, mit denen der ewig verliebte Gustav seine Frau Alma bezeichnete.

Sie allein würden schon ausreichen, um das Ausmaß der Bedeutung zu verstehen, die diese sicherlich einzigartige Frau für den großen Musiker darstellte. Mahler verbrachte etwa ein Fünftel seines Lebens mit Alma, aber diese Zeit war sicherlich die entscheidendste, diejenige, die ihn am meisten beeinflusste. Während der Almerianischen Jahre zwischen Ende 1901 und Mai 1911 komponierte Mahler die Sinfonien fünf bis zehn sowie die berühmten Liederzyklen Ruckert, Kindertotenlieder und Das Lied von der Erde.

Alma war eine junge Sprossin des Wiener Großbürgertums. Sie wurde am 31. August 1879 in Wien geboren. Ihr Vater war der bekannte Landschaftsmaler Emil Jakob Schindler. Der Maler wurde so berühmt, dass der Kaiser zu seinen Gönnern zählte und die Familie dank seines Erfolges im prächtigen Schloss Plankenberg inmitten des Wienerwaldes wohnte. Zur Figur ihres Vaters, der ihr als Kind Goethe vorlas, hegte Alma stets eine besondere Beziehung.

Er starb jedoch bald darauf, 1892, als Alma erst 12 Jahre alt war. Ihre Mutter, Anna Sofie von Bergen, war eine bescheidene, in Hamburg geborene Operettensängerin, die ihre Karriere aufgab, um ihrem Mann zu folgen. Sie war bereits im dritten Monat mit ihrem Erstgeborenen schwanger (wie Jahre später auch mit ihrer eigenen Tochter Alma). Anna Sofie war eine Frau mit einem gewissen Charme und einer gewissen Verführungskraft, mit einem fröhlichen und lebendigen Charakter. Eine gewisse Neigung, das Leben intensiv zu leben, teilte sie nicht wenig mit ihrer Tochter Alma.

Tatsächlich stellte sich heraus, dass Almas jüngere Schwester Grete nicht Schindlers Tochter war. Alma fand dies erst Jahre später heraus, als ihre Schwester, der sie sehr nahe stand, Anzeichen von Verwirrung zeigte, in deren Verlauf sie mehrmals versuchte, sich das Leben zu nehmen. Grete wurde interniert und später von den Nazis im Rahmen des Euthanasieprogramms des 3. Reichs für psychisch Kranke, der Aktion T4, unterdrückt.

Greta war also die Tochter eines Gelegenheitsliebhabers ihrer Mutter, die wahrscheinlich syphilitisch war. Nach dem Tod von Emil Schindler im selben Jahr heiratete Almas Mutter einen anderen bekannten Maler, der

bereits Schüler und Schüler ihres ersten Mannes gewesen war: Carl Moll, dessen Geliebte sie schon seit langem mit kaum verhohlener Nonchalance war. Das Paar bekam noch zwei Töchter. Moll war eine Art blonder Riese, dem Alma wenig Sympathie entgegenbrachte, und das zumindest anfangs aus naheliegenden Gründen: *Man heiratet nicht den Bauern, wenn man den Spieler schon hatte!*

Moll kam nicht als letzter, sondern war einer der wichtigsten Begründer und Hauptorganisatoren der Wiener Secession. Durch seinen Freund Klimt kannte Moll die gesamte Crème de la Crème und die künstlerische Avantgarde der Stadt, und sein Haus wurde zum Dreh- und Angelpunkt der Wiener künstlerischen Avantgarde. Dank dieser Tatsache wuchs Alma in einem sehr anregenden und engagierten künstlerischen Umfeld auf. Dazu trugen auch ihre vielen Talente bei.

Sie war klug und intelligent, von überwältigender Schönheit (damals galt sie als das schönste Mädchen Wiens) und erlebte Anfang 1900 eine sehr reiche und glückliche Jugend.

Die nonkonformistische Alma hat nie eine Schule besucht, singt den ganzen Tag Wagner (den sie verehrt), und zwar mit einem solchen Elan, dass sie dabei ihre schöne Mezzosopranstimme ruiniert.

Seine Mutter macht ihn mit einem Vollblut-Intellektuellen bekannt, um für seine Ausbildung zu sorgen. Er ist

▲ Selbstporträt aus dem Jahr 1906 von Carl Moll in seinem Atelier des schönen Wiener Hauses, in dem seine Patentochter Alma aufwuchs. Moll war einer der einflussreichsten Künstler der Wiener Secession, und sein Haus war ein wichtiger kultureller Salon in Wien.

▶ Alma, die junge Stute in ihrer ganzen berstenden jugendlichen Schönheit. Dies und ihre bemerkenswerte Verführungskraft machten sie zu einer der faszinierendsten Frauen der damaligen Zeit. Unter Gustav Klimt im Jahr 1905.

ein Freund ihres verstorbenen Vaters, Max Burckhard, ein bekannter Wiener Theaterregisseur. Er nimmt die Sache ernst, vermittelt ihr Lesungen, schenkt ihr sogar eine ganze Bibliothek mit Klassikern.

Er schlägt ihr Ibsen, Stendhal, aber vor allem Nietzsche vor, von dem sie ein glühender Neophyt wird. Kurzum, Burckhard, der fünfundzwanzig Jahre älter ist als Alma, erzieht sie und begleitet sie, eine Art zweiter Vater, aber mit einem kleinen Problem. Der seriöse Direktor hat seinen Kopf für das junge Fohlen verloren. Alma, das verwöhnte Kind, amüsiert sich, indem sie ihn neckt, ihn provoziert und sich grausam zurückzieht, ohne ihm jemals etwas zu geben. Etwas besser geht es ihr mit dem zweiten Ass: Gustav Klimt, der Fürst der Wiener Maler. Der große Freund ihres Stiefvaters ist ein häufiger Gast im Hause Moll auf der eleganten Hohen Warte. Die große Doppelhaushälfte teilt sie sich mit einem anderen Giganten der Secession: Koloman Moser, genannt Kolo. Im dynamischen Wohnzimmer von Berta Zuckerkandl wurde in jenen Jahren die große Kunstbewegung lebendig. Als Klimt Alma kennenlernte, war das Mädchen siebzehn, der Maler genau doppelt so alt, und als er fünfunddreißig war, war er bereits ein nationales Denkmal und hatte sich im Laufe der Zeit einen respektablen Ruf erworben.

Sein erster Kommentar zu Alma: *Ein schönes junges christliches Mädchen.*

Klimt war zu dieser Zeit ein merkwürdiger, unangepasster Charakter. Er zog gerne mit großen Palandranzen durch sein Gartenatelier, eine Art Laienbischof. Er war ein Schänder, originell, brillant und sorgte mit seinen unangemessenen Umgangsformen und Entscheidungen für einen Skandal in der bürgerlichen Wiener Gesellschaft seiner Zeit.

Alma besucht sein Studio und er isst sie.... Zumindest verlockt er uns. Sie wiederholt teilweise das Drehbuch, das sie bereits mit Burckhard gespielt hat, aber dieser Verrückte fasziniert sie mehr.

Die Alarmglocken läuten, und Alma wird von ihren Eltern zurück in die Herde gerufen. Um sie von dem Unhold, der allerdings ein Freund der Familie ist, loszuwerden, fliehen sie nach Italien. Aber das ist noch nicht das Ende. Klimt folgt ihnen auch in Dantes Land. Er verfolgt sie von Stadt zu Stadt und tut so, als sei nichts geschehen. Die Molls glauben seinen Erklärungen zunächst und halten es für ein grobes Missverständnis. Später jedoch entdeckt Anna Moll, die Mutter, im Tagebuch ihrer Tochter den detaillierten Bericht über einen bestimmten Kuss

Das Maß ist voll. Die Mutter konfrontiert Klimt frontal und fordert ihn auf, zu verschwinden, so weit weg wie

möglich. Aber in Venedig, wo sie sich wiederfinden, ist es leicht, Verstecken zu spielen. Die Calli der Lagunenstadt werden Zeuge von gestohlenen Küssen und seufzenden Schwüren. Zurück in Österreich brennt Alma darauf, mit ihrem Geliebten in das gefürchtete Alkoven-Atelier des Künstlers zu gehen. Ihre prekäre Jungfräulichkeit ist das letzte Hindernis, das sie zumindest teilweise davon abhält.

An diesem Punkt greift sein Stiefvater Carl Moll entscheidend ein: Er befiehlt Klimt ohne Umschweife, die Sache ein für alle Mal zu beenden, und droht, sich von ihm zu trennen und ihn aus der Sezessionsgruppe zu entfernen. Für Klimt ist das ein gewaltiger Schlag. Fassungslos und am Boden zerstört bleibt ihm nichts anderes übrig, als zu kapitulieren. Er schreibt einen Rechtfertigungsbrief, in dem er jedoch den hohen Grad der Faszination anerkennt, den das magnetische Mädchen ausübt. Die Idylle endet mit diesem Akt des Imperiums.

Einige Zeit später werden sich die beiden mehrmals wiedersehen, aber Klimt weiß, wie er angemessen zu reagieren hat, und wird keine weiteren Probleme verursachen. Dennoch wird er die zärtliche Zuneigung, die für unerfüllte Lieben reserviert ist, gegenüber Alma sein ganzes Leben lang beibehalten.

Alma ist wieder allein mit dem Tod in ihrem Herzen und sucht Zuflucht in der Musik. Sie wird dem kleinen, hässlichen Professor Alexander von Zemlinsky zur Seite gestellt. Ein Jude wie Mahler, ist Zemlinsky eigentlich ein anderes Genie. Ein großer Komponist, der heute zunehmend wiederentdeckt wird und nicht wenige Gemeinsamkeiten mit Mahler selbst aufweist, von dem sie eine der glühendsten Verehrerinnen werden wird. Alma beginnt mit Alexî wieder das altbewährte Spiel, das er so gut kennt. Sie entflammt ihn, lässt ihn den Verstand verlieren. Sie küsst ihn, bringt ihn dazu, sie zu umarmen, erlaubt ihm fast alles, gibt sich aber dennoch nicht völlig hin.

Sie hält ihn für hässlich, ja für ein abscheuliches Ungeheuer, ist aber völlig verführt von seiner Tiefe, seiner Kultur, seinen Augen, die Scharfsinn und Genialität ausstrahlen. Im Alter von fünfundzwanzig Jahren genießt Zemlinsky bereits die Wertschätzung von Brahms und ist mit Arnold Schönberg befreundet, dessen Schwager er später werden wird. Alma verändert sein Leben. Die beiden tauschen Hunderte gewagter Briefe voller Versprechen und schriller Eifersucht aus.

Sicherlich voller ausdrücklicher Leidenschaft. Auf dem Höhepunkt seiner Erregung bittet er um die berüchtigte Stunde des Paradieses, die er am Ende nicht haben wird. Dann wird er schreiben: *Ñhast du wirklich so viel zu geben, dass andere immer betteln müssen?*

Alma, und das ist eine Eigenschaft, die sie ihr ganzes Leben lang haben wird, ist immer davon überzeugt, dass sie viel mehr gibt als sie erhält. Deshalb erwartet sie von ihrem Volk, dass es sich selbst aufhebt, nicht so sehr, aber vollständig!

Einer der letzten Briefe Almas an Alexander erklärt und fasst alles bisher Gesagte zusammen: *Wenn er sich mir nicht völlig hingibt, werden meine Nerven sehr leiden und die Folgen werden schrecklich sein Ich werde nie vergessen, wie er mich an meinen intimsten Stellen berührte, ein wahrer Feuersturm!... Ein wenig mehr (unleserlicher Satz) und ich hätte den siebten Himmel erreicht Ich würde gerne vor ihm knien,*

▲ Alexander von Zemlinsky, Mahlers genialer Komponist und Freund sowie einer seiner größten Bewunderer.

▶ Ein weiteres verführerisches Porträt der bezaubernden Alma, damals bereits Gustav Mahlers Ehefrau.

seinen nackten Schoß umarmen und alles, alles küssen! Amen! Unerschrocken und unerschrocken krempelt die junge Alma ihr Leben um, und für Zemlinsky bleiben nur noch Herzschmerz und Liebeskummer. Schade für ihn, dass Freud damals noch nicht einsatzfähig war, er wird erst mit Mahler die Heilungsmission von Almas Liebesopfern beginnen.

Aus dem schönen Fenster der Villa auf der Hohen Warte erblickt man den schwarzen Mantel von Gustav Mahler, dem Direktor der Wiener Hofoper, der sich nähert

Der Mann, der in Almas Leben eindringt, ist, um es noch einmal zu sagen, ein Genie, und zwar das größte. Gustav Mahler, seit vier Jahren Direktor der Hofoper, ist jemand, der in Bezug auf Statur, Ansehen und Ehrgeiz im Wiener Olymp steht. Ein feiner Knochen für unsere junge, aber stämmige Alma, eine Herausforderung an seine Größe. Die ganze Stadt spricht über ihren Musikdirektor. Um ihn zu loben oder zu kritisieren, um ihn anzustacheln oder als Schurken zu betrachten. Immer aber ist er in aller Munde, ist ein Thema für Salons und Tavernen gleichermaßen. Der Hof und der Kaiser verehren ihn und das ist seine beste Versicherung. Franz Joseph wird mehr oder weniger sagen: *Ich habe Mahler ernannt und wehe dem, der ihn anrührt!* Die Wertschätzung und der Ruhm, die er damals genoss, beschränkten sich mehr oder weniger auf seine Tätigkeit als Dirigent, weniger auf seine zweite Rolle als Komponist

Klein, neurotisch, nie still, mit ständig gequälten Nägeln und immer in Aufregung. Die Figur eignet sich, um aufzufallen. Alma hat uns einen wirkungsvollen Aphorismus über Mahlers Unruhe hinterlassen: *ÑWenn man mit ihm zusammen war, war es, als läge immer eine Leiche unter dem Tisch!* Außerdem hat er eine seltsame Art, sich zu bewegen, einen Gang, der zumindest schief, unregelmäßig asymmetrisch ist. Er stampft mit dem Fuß auf wie ein Pferd. Immer mit dem Gesicht nach vorne gerichtet, wie Spürhunde, wenn sie auf ihre Beute zeigen. Ein unbestimmtes Gesicht, manchmal elegant und stattlich, manchmal schweflig, dämonisch, aber immer interessant. Seine Stimme ist trotz seiner zerknirschten Statur kräftig und tief. Kahl, ohne Schnurrbart oder Bart in den Jahren, als diese in Mode waren. Und beachten Sie seine sprichwörtliche Zerstreutheit. Er vergisst immer etwas. Manchmal wichtige Dinge, fast immer den Hut, der überall auf Bänken oder am Bahnhof vergessen wird, eine Kopfbedeckung, die tyrannische Kinder dann gerne zurückgeben und diese Art von Clown durch die Parks und Gärten der Reichshauptstadt jagen, unter Gelächter und Getöse.

Oft ist er ungepflegt und unordentlich, sein Haar ist nie gekämmt und geht, wo es will. Er hat kein Talent für Eleganz, selbst wenn er sich teure Kleidung leisten kann, trägt er sie immer mit wenig Anmut. Er macht gerne lange Spaziergänge und geht zu Fuß zur Arbeit. Wenn er unterwegs auf Arbeiter trifft, die für irgendeine Ungerechtigkeit demonstrieren, schließt er sich ihnen unverzüglich an. Im Gegensatz zu Alma und ihrer Sippe schlägt in Mahler ein sozialistisches Herz.

Um die prestigeträchtige Stelle an der Oper zu erhalten, konvertierte der Jude Mahler sogar zum Katholizismus. Ein gebührender Akt, ohne den er die Stelle nicht hätte bekommen können, eine Formalität damals. Doch sein innerer religiöser Afflatus war immer viel näher am christlichen Gefühl als am jüdischen, jedenfalls viel näher als der von Alma. Auch hier kommt uns die geniale Alma zu Hilfe, die mit ihrem Sarkasmus schrieb: *ÑGustav kommuniziert mit Gott per Telefonì*. Seine Frau würde auch sagen, dass Mahler keinen Sinn für Humor hatte und besonders empfindlich war.

▲ Mahler und Gustav Mahler in den letzten Jahren ihrer Beziehung schlendern gelassen über die Wiesen von Toblach, wo sich bald das Drama von Almas Verrat an dem späteren großen Bauhaus-Architekten Walter Gropius abspielen wird.
◄ Fotoporträt von Gustav Mahler in den Jahren, in denen er seine spätere Frau Alma kennenlernte.

In der Tat hinterließ der Maestro zahlreiche Briefauszüge an Freunde, Freundinnen und Kollegen, in denen er die Kunst der Selbstironie zu schätzen scheint. Über die Hämorrhoiden, die ihn sein ganzes Leben lang quälten und ihn zu ausdauernden Aufenthalten auf der Toilette zwangen, scherzte er zum Beispiel gerne: *ÑGustav Mahler bekam endlich das Schicksal, das er verdiente, nämlich auf der Toilette zu sterben, nach den unzähligen Schwierigkeiten, die er verursacht hatte.*
Obwohl er die Möglichkeit hatte und viele Einladungen erhielt, verkehrte Mahler nicht gerne in der High Society und war nicht daran interessiert, neue Leute kennenzulernen - er hatte bereits alle Hände voll mit Musikern und Sängern zu tun! Eine
Ausnahme bildet
die oft erwähnte Berta Zuckerkandl, die durch ihren berühmten Salon zur ahnungslosen Stiefmutter von Mahlers zukünftiger Geliebten wird.

Ein Ehrenwort?

Im November 1901 gelingt es Berta nach einem erfolglosen Versuch endlich, einen Abend in ihrem bekannten Salon zu organisieren, an dem unter anderem Alma und Gustav teilnehmen. Es ist das erste Mal, dass sich die beiden treffen.

An dem Abend sind auch einige von Almas Bekannten anwesend, vor allem Gustav Klimt, ihre alte Liebe, und Max Burckhard, ihr alter Erzieher. Letzterer mochte Mahler nicht und wurde von ihm erwidert. Alma ist schön an diesem Abend und siedelt sich zwischen ihren beiden alten Pygmalions an. Sie hat einen kleinen Defekt, sie kann auf einem Ohr kaum hören, deshalb neigt sie ihr Gesicht so, dass sie besser hört, aber sie tut es mit einer so verführerischen Anmut, dass sie ihrem Zuhörer den Eindruck vermittelt, sie sei der Mittelpunkt der Welt! Mahler sitzt ihr gegenüber, die Stimmung und das Gespräch sind sehr heiter, unbeschwert. Angenehmes Ambiente. Alma erinnert sich, dass der Operndirektor sie den ganzen Abend über hinter seiner runden Brille beobachtet hat. Als das Essen vorbei ist, findet er einen Weg, sich ihr zu nähern, um das Eis zu brechen. In einem theatralischen Crescendo fangen die beiden an, sich gegenseitig zu beäugen. Alma wirft ihm vor, die Partitur, die *Zemlinsky ihm* vor langer Zeit gegeben hatte, immer noch nicht gelesen zu haben: *Sie beschließt nicht, das Ballett Zemlinskys Herz aus Gold aufzuführen. Aber Sie hatten es ihm doch versprochen!* und Mahler antwortet: *Ñes ist ein billiges, unverständliches Ballett.* Alma widerspricht: *Ñes ist ein Meisterwerk, Zemlinsky selbst hat mir die Symbolik seines Librettos erklärt. Möchten Sie, dass ich es Ihnen erkläre? Ich bin ganz Ohr,* antwortet Mahler mit liebenswürdiger Ironie, der es in der Zwischenzeit mit den Augen verschlingt, verloren wie ein Kind.

Es schien das ultimative Foul zu sein, aber Alma wich aus und schlug mit dem entscheidenden Schlag zurück: *Aber zuerst erklärt sie die Bedeutung der koreanischen Freundin.*

Es war ein schreckliches und unverständliches Ballett, das in Wien ständig auf dem Spielplan stand. Daraufhin brach ein allgemeines, schallendes Gelächter zwischen den beiden aus, woraufhin sie, indem sie ihren Tonfall senkten, auf subtile Weise ihre Liebesbeziehung begannen.

Schließlich verabschiedeten sie sich. Er fragte sie, wo sie wohne, in der Hohen Warte am Fuße des Hügels, antwortete Alma. Mahler bot ihr an, sie zu begleiten, aber die müde Alma lehnte das Angebot ab. Mahler sicherte ihr daraufhin einen Besuch in der Oper zu, sie willigte ein und er schloss mit der Formel: *Ehrenwort?ì*, gefolgt von einem deutlichen Kopfnicken Almas.

In den folgenden Tagen schrieb Mahler ihr seine ersten Briefe. Deren Incipit reicht aus, um zu zeigen, wie sich die Verliebtheit zwischen den beiden entwickelt, und in welcher Zeitspanne.

Am 28. November 1901 (am Tag nach ihrer Begegnung): *ÑIch habe in aller Eile für Sie, liebes Fräulein Alma, meine Kompositionen usw.ì* gesammelt. Am darauffolgenden 4. Dezember: *ÑLiebe Freundin signiert ihr Gustav Mahlerì.* 8. Dezember *Liebste AlmschiDu hast mir gestern wahre Freude bereitet!* Und schließlich am 12. Dezember: *Mein liebes, geliebtes KindAlles, was in mir lebt, muss dir gewidmet sein, muss dein Gustavî sein.*

Sie haben ihre Brücken in weniger als zwei Wochen abgebrochen. Zwei echte Raketen.

Inzwischen leistet die Familie Widerstand. Das antisemitische Umfeld seiner Familie mag das nicht, und zwischen ihnen liegen zwanzig Jahre Unterschied. Karl Moll ist wütend auf seine Frau, als er davon erfährt: *Wir sind Klimt ausgewichen, und jetzt kommt dieser daher, ein Flegel, ein Wüstling. Ein hässlicher, alter, kranker Mann, verschuldet, kurz vor dem Rauswurf aus der Oper und mit Werken, die keinen Pfifferling wert sind!* Lapidar und voreingenommen.

Sein Freund Burckhard, eifersüchtig, weil er seinerseits in die schöne Alma verliebt ist, ist weniger unhöflich, aber nicht weniger böse: *Du, so ein schönes Geschöpf und gute Familie. Mach nicht alles kaputt, indem du diesen verwegenen, entarteten Juden heiratest. Denk an die Kinder, die er haben wird!* Nette Leute, könnte man sagen. Zum Glück zuckt Alma mit den Schultern, das Mädchen hat Charakter, es braucht mehr als das, um sie aufzuhalten.

Mit Moll und Mahler werden die beiden später Freunde, und der Stiefvater-Maler steht Mahler in den letzten Momenten seines Lebens persönlich bei. Er wird sogar einen Abguss für seine Totenmaske anfertigen. Der Antisemitismus im Hause Moll wird jedoch nie aussterben. Karl selbst wird in den 1930er Jahren zu einem glühenden Nazi, ebenso wie seine jüngste Tochter Maria und deren Mann. Die drei beschließen am Tag der sowjetischen Besetzung Wiens Selbstmord zu begehen, was tragisch endet.

Die letzten Brände

Vor der Hochzeit will Mahler ihr klar machen, dass von den Komponisten in der zu gründenden Familie nur er gebraucht wird, und um das zu sagen, schreibt er ihr ein sehr langes Gedicht, nicht weniger als zweiundzwanzig Seiten lang.

Entweder fehlte ihr die Gabe der Synthese, oder sie hielt es für äußerst wichtig, alles in einer Art präzisem Programm neu zu besetzen, wie eine komplizierte Wagner-Inszenierung an der Oper. Alma wurde eine bedingungslose Hingabe abverlangt, mit Gnade und Anstand. Eltern und Freunde rieten Alma, die Verlobung sofort aufzulösen. Sie entschied sich für das Gegenteil und legte mit dem Tod im Herzen ihre geliebten Kompositionen in den

▲ Gustav und Alma auf einer ihrer Reisen, sie war größer und überragte Mahler noch mehr, dank Hüten und Kleidern, die sie vergrößerten und vergrößerten...(Basel 1903)

Sarg (der fast zehn Jahre später von Mahler selbst glorreich wieder geöffnet werden sollte, aber das ist eine andere Geschichte) und akzeptierte das Diktat. In der Zwischenzeit spielte Mahler bei seinen Besuchen im schönen Haus der Molls ihre Musik auf dem Klavier. Eines Tages spielte er seine vierte Symphonie und fragte seine Geliebte sogleich, was sie davon halte: *Haydn habe das Gleiche besser geschrieben.ì* Die freche Alma antwortete, was den sehr verliebten Gustav zu schallendem Gelächter veranlasste: *ÑEinestages wirst du deine Meinung ändern!* Und bald darauf streckte er voller Aufregung die Hand nach ihrer Mutter aus und rief: *ãMama, nach dem Spiel bitte ich dich noch einmal um die Hand deiner Tochter.Ò*

Es war an der Reihe, Mahlers Verwandte und Freunde zu treffen, angefangen bei seiner Schwester Justine, die in diesen Tagen ihre Verlobung mit dem ersten Geiger der Oper, Arnold Rosé, plante.

Dann waren die wenigen Freunde an der Reihe, die Mahler vor seiner Verlobung hatte, darunter Siegfried Lipinier, ein Dichter und Dramatiker, der die Wertschätzung Wagners und Nietzsches genoss. Letzterer verstand sich nie wirklich mit Alma, Lipinier behandelte sie von oben bis unten und nannte sie ein Kind. Bei dem ersten Empfang, den er mit Gustav und Alma gab, war Lipinier mit seiner ersten Frau, seiner zweiten Frau und seiner Geliebten anwesend! Dreist und schamlos. Zu allem Überfluss war an diesem Abend auch noch die Sängerin Anna von Mildenburg, eine ehemalige Geliebte von Gustav, anwesend. Alma nahm die Herausforderung an, und als Mildenburg ihn fragte: *"Was halten Sie von Gustavs Musik?* antwortete er: *Ich weiß wenig davon, aber das Wenige gefällt mir nicht.ì* Zum Glück griff Mahler zu dem üblichen befreienden Lachen und die schwere Atmosphäre löste sich auf. Alma hatte begonnen, ihre lange Liste von Feinden zu sammeln.

Mit angeborenem Organisationstalent und viel praktischem Verstand wird er jedoch mit der Zeit alles praktisch unschädlich machen.

Das Geheimnis der Verlobung löste sich im Munde so vieler Zeugen bald auf, bis eines schönen Tages zu Almas großer Überraschung, als Mahler auf dem Opernpodium erschien, ein riesiger Beifall ertönte und alle Augen unisono auf die ahnungslose Verlobte gerichtet waren, die furchtbar aufgeregt war und in Scham versinken wollte. Ah, die typischen Emotionen von Felix Vienna!

Der letzte Akt des Versuchs, das Ganze zu stoppen, wurde von der gewohnt verzweifelten Von Mildenburg vollzogen. Sie eilte am Tag nach der eben beschriebenen Ankündigung in Mahlers Büro und machte unglaubliche Szenen, gefolgt von der traditionellen Ohnmacht, dem Aufstehen, der Ohnmacht und dem erneuten Aufstehen.

Dies war gewissermaßen der letzte romantische Versuch, die Hochzeit des Jahrhunderts in Wien zu sprengen, Amen!

Freunde und ehemalige Liebhaber Mahlers hatten das schöne Rehkitz unterschätzt,
Sie alle glaubten, sie könnten das Kind leicht zähmen. Da sie nicht mit Almas Stolz und ihrem Unabhängigkeitsdrang rechneten, erreichten sie genau das Gegenteil.
Aber es ist endlich Zeit, in die Kirche zu gehen, bald seid ihr alle eingeladen...

Ehe und Leben zu zweit

Eine nasse Braut ist eine glückliche Braut, und tatsächlich regnet es am 9. März 1902 frühmorgens in Wien. Die gewählte Kirche ist die des Heiligen Karl Borromäus. Eine schöne, große Barockkirche, die mehr als genug Platz für die gesamte Gruppe bietet, die das Brautpaar begleitet: 10 Personen!
Die Braut und der Bräutigam, Almas Eltern, Justine und Arnold Rosé (die am nächsten Tag heiraten sollten). In dem Moment, in dem das Brautpaar niederknien musste, beugte sich Mahler, der mit katholischen Dingen nicht allzu vertraut war, anstelle der Kniebank auf den Boden. Da er sehr kleinwüchsig war und Alma im Vergleich zu ihm eine mächtige Matrone war, wirkte dieser zusätzliche Abstand von 15 cm so, als würde Alma einen Zwerg heiraten!
Es war eine goliathische Szene, die alle, auch den Zelebranten, zum Lächeln brachte. Nach der Zeremonie ging die auf sechs Personen geschrumpfte Gesellschaft zum Frühstück und brach sofort mit Waffen und Gepäck nach Russland und in die Hauptstadt Petrograd auf. Die Ankündigung der Hochzeit war absichtlich auf den Abend verschoben worden, und das war der Hauptgrund, warum alle Schaulustigen, die Presse und schließlich auch unsere Gäste nichts sahen.

Mehr über Alma

Alma komponist

Unmittelbar nach dem Drama, das sich in Mahlers Haus nach Almas Verrat mit Walter Gropius entwickelte, stürzte er sich in dem Versuch, seine junge Frau auch im Herzen zurückzugewinnen, in winzige Aufmerksamkeiten, öffnete sogar die Schublade mit Almas alten Kompositionen... Ganz gefangen in dieser Wiederentdeckung des großen kompositorischen Wertes seiner Frau begann er, sich mit dem almianischen Lied mit dem Freudschen Titel: *In meines Vaters Garten* zu beschäftigen. Mahler rief die aufgeregte Alma zu sich und fragte sie mit umsichtiger Aufmerksamkeit und Taktgefühl Dinge wie: *Was meinen Sie, eine Verkleinerung hier, ein kleiner Schnitt dort*. Daraufhin bot die nun begeisterte Alma ihrem erlauchten und erschütterten Gatten die Ehre der Waffen an: *ÑGustav, du kannst diese Dinge viel besser!*

Neue Lieben

Madam, der Katalog ist dieser... Almas Liebschaften, die fast immer von Genies und Giganten der mitteleuropäischen Kultur stammen, werden von Tag zu Tag reicher. Zu den letzten gehörte der unverdächtige belgische Maler Fernand Khnopff, der geheimnisvolle Zauberer der

▲ Alma zusammen mit ihrem dritten Ehemann, dem österreichischen Schriftsteller und Dramatiker jüdischer Herkunft, Autor des berühmten: "Die Schrift einer blassblauen Frau

▶ Alma mit ihren beiden Töchtern von Mahler: Maria Anna (1902-1907), die sehr jung an Diphtherie starb, und Anna (1904-1988)

schlafenden Quallen und der Sirenen mit den versiegelten Lippen. Auch er kannte die fachkundigen und tödlichen Umarmungen von Alma Mahler. Nach Mahler, Klimt, Kokoschka, Gropius, Werfel, dem Pfarrer Hollensteiner - im Kardinalsduft und dreißig Jahre jünger - und nicht wenigen anderen (sie wusste auszuwählen, die Dame), fehlte der Belgier Khnopff - in dieser Geographie des berühmten Eros - wirklich.

Schlussfolgerungen

Ich habe viele Quellen über Mahler gelesen, und damit auch über Alma. Zu meinem Glück habe ich erst zuletzt in ihren Memoiren, Erinnerungen und Briefen geblättert, und das war gut so.
Das Bild, das sich aus all den Schriften anderer von Alma ergibt, wirft natürlich ein starkes Licht auf die große Bedeutung dieser Frau für die Kunst und letztlich für den Erfolg der Männer, die das Glück hatten, auf ihrem Weg zu sein. Sie bemühen sich jedoch, uns wirksame Einblicke in ihre Verführungskraft und ihren Charme sowie in ihr Inneres zu geben. Oft wird die Frage gestellt, was an ihr so besonders war. Die Frage bleibt halb gestellt, wenn man verzückt vor der Musik ihres Mannes, den genialen Architekturen ihres zweiten Mannes, der Faszination von Lektüren wie: eine blassblaue Frauenschrift, von ihrem dritten Mann, verweilt. Oder vor den wunderbaren Gemälden von Klimt oder Oskar Kokoschka. Denn auf diese Weise lernt man sie auf indirekte Weise kennen, erzählt von anderen, oft in Biografien, die größtenteils diesen großen Männern gewidmet sind.
Die Lektüre ihrer lebendigen Stimme, die sich durch ihre Memoiren, Briefe und Erinnerungen zieht, berührt stattdessen die inneren Akkorde des Zuhörers. Alma erklärt, erzählt, beschreibt ihre Gedanken und vor allem überzeugt sie! Männer, wie ich, werden unterworfen, völlig verführt. Kurzum, eine großartige Frau!
Als sie 1964 starb, wollte sie wie die alten ägyptischen Pharaonen begraben werden, mit einer Menge Zeug, das ihr im Jenseits dienen sollte. Vor allem die Partitur von Tristan und Isolde, um sie im Moment des Jüngsten Gerichts spielen zu können!

◄ Herr und Frau Mahler auf einer ihrer beiden Italienreisen. Auf diesem Bild sind sie mit einem italienischen Freund, dem Historiker Federico Spiro, auf der Via Appia Antica in Rom zu sehen.

► Alma in ihrer ganzen Jugendstilpracht auf einem bekannten Porträtfoto.

MAHLERS ANDERE FRAUEN

"Die Frau existiert nicht "
Jacques Lacan

Alma war zweifelsohne Mahlers vulkanischste, wichtigste und am meisten gelebte Liebesgeschichte. Die absolute Hauptgesellschafterin in Gustavs Liebesleben, doch Alma war nicht die einzige.
Sigmund Freud war sich der Bedeutung der Frauen in Mahlers Leben sofort und deutlich bewusst. Der große Wiener Psychoanalytiker stellte nach seiner Untersuchung fest: *Seine Frau Alma verehrte ihren Vater Rudolf Schindler und konnte nur diese Art von Mann suchen und lieben.*
Mahlers Alter, vor dem er sich so fürchtete, machte ihn in den Augen seiner Frau gerade so attraktiv. Denn Mahler liebte seine Mutter und hatte dieses Vorbild immer in jeder Frau gesucht. Die geplagte und leidende Mutter tauchte unbewusst in seiner Frau Alma wieder auf.
Von Freud so getröstet, können wir zusammenfassend sagen, dass die erste wichtige Frau in seinem Leben, in jeder Hinsicht, seine Mutter war: Marie Hermann. Diese arme, unglückliche Frau brachte nicht weniger als 14 Kinder zur Welt, von denen die meisten ein kurzes Leben führten und früh starben.

Von seinen zahlreichen Geschwistern war auch seine Schwester Justine eine zuverlässige Bezugsperson und Stütze während seiner langen Junggesellenjahre. Aber wir verschieben Neuigkeiten über Mahlers Familie auf das Kapitel über das Leben. Hier geht es vielmehr um die Affären all der Frauen, in die sich Gustav Mahler - abgesehen von Alma - verliebte, verführte, intrigierte und romantisch verstrickte.
Die wichtigste Quelle sind wie immer die Memoiren seiner Frau Alma, die erst Jahre nach dem Tod ihres Mannes verfasst wurden und daher wahrscheinlich in einem kritischen und nützlichen Sinne neu interpretiert wurden, auch im Hinblick auf das, was Alma selbst in der Zwischenzeit erlebt hatte.
Bekanntlich hatte die Witwe Mahlers ein intensives und bewegtes Leben, sowohl vor als auch nach Mahler; dies beeinflusste ihre Memoiren nicht wenig. Memoiren, die eindeutig teils verwässerte, teils geschönte, sehr oft fehlende Daten enthalten. Überraschenderweise sind, zumindest in den frühesten Ausgaben dieser Memoiren, seine Briefe an Gustav nicht enthalten, sondern nur die, die er erhalten hat, und auch diese nur in einer angemessenen Auswahl und in knapper Form.
Bei der Schilderung der tragischen Ereignisse des turbulenten Sommers 1910 in Toblach wird eine der Hauptfiguren dieser Art von Wagner-Tragödie, Walter Gropius (damals Almas Geliebter und späterer zweiter Ehemann), lächerlicherweise mit einem großen X bezeichnet, wodurch seine Identität schlecht verschleiert wird.

▲ Die Geschwister Gustav und Justine Mahler. Von allen Geschwistern stand Justine dem großen Komponisten am nächsten, manchmal sogar zu nahe.
▶ Das Soldar-Roger-Quartett mit der Geigerin Natalie Bauer-Lechner, Mahlers großer Freundin (zweite von rechts).

In Übereinstimmung mit den bekanntesten Musikwissenschaftlern und auch mit den Überlegungen des wichtigsten Mahler-Biographen Henry Louis de la Grange fordere ich daher auch dazu auf, die Memoiren seiner Frau Alma mit Vorsicht zu betrachten, die uns letztlich ein Bild des Komponisten als eines eher keuschen Asketen vermitteln, einer Art Abatino mit wenigen, unbedeutenden oder gar keinen Liebesaffären außer eben der, die er mit ihr hatte.

Der erste, der gegen solche Angaben Einspruch erhob, war Mahler selbst, der in einer historischen Korrespondenz während seiner Verlobung in einer Passage des langen Schreibens mitteilt: *"Ich habe Ihnen wehrlos, von ganzem Herzen, mein Leben gewidmet und reiche, schöne, kultivierte, junge Damen und Fräulein kennengelernt usw.ì*

Die Realität sah also etwas anders aus, und neue Erkenntnisse belegen tatsächlich, dass er zahlreiche Affären und Verliebtheiten hatte.

Zu den letzten verlässlichen Quellen über Mahlers Liebespotential und -erfahrungen gehört ein kleiner Brief mit dem bezeichnenden Titel: *Brief „ber Mahlers Lieben"*, geschrieben von einer seiner Vertrauten (und Geliebten), der Geigerin Natalie Bauer-Lechner, die bereits ein Tagebuch über ihre Freundschaft mit Mahler verfasst hatte.

Beginnen wir mit dieser bekannten Geigerin. Natalie lernte Mahler im Jahr 1890 kennen. Damals war er Bratschist in einem berühmten reinen Frauenstreichquartett, dem Soldat-Ròger. Die beiden Musiker sprechen die gleiche Sprache, berühren die gleichen Akkorde, kurzum, sie verstehen sich prächtig, und bis 1902 besteht eine ständige und intensive Verbindung zwischen ihnen. Natalie, eine charakterstarke Frau, eine Idealistin, eine Feministin ante litteram und eine Suffragette (was sie sogar ins Gefängnis brachte), wurde 1858 geboren, also zwei Jahre vor Mahler. Ihre erste Begegnung fand in den Sälen des Wiener Konservatoriums statt, war aber nicht entscheidend. Erst 1890, nach dem Scheitern der Ehe des Bratschisten, beginnen die beiden sich zu treffen. Sie wird in seine Familie eingeführt, begleitet ihn auf seine geliebten Bergwanderungen, organisiert für ihn Abendessen, hört ihm zu, kurzum, ist an seiner Seite.

Es waren wichtige Jahre für Gustavs Schaffen als zunehmend erfolgreicher Dirigent: vom Dirigieren an der Hamburger Oper bis zu glanzvollen Spielzeiten am Wiener Hoftheater.

Natalie ist immer in seiner Nähe und steht ihm mit nützlichen Ratschlägen zur Seite, auch weil sie sich mit dem Thema gut auskennt. In der Zwischenzeit prägt er sich alles ein: Mahlers Überlegungen, Ideen und musikalische Gedanken zu den Säulen der klassischen Musik: Beethoven, Bach, Liszt, Wagner. Er wird Zeuge der Dialoge mit den großen noch lebenden Musikern oder seinen Zeitgenossen wie Brahms, Strauss, Debussy. Er spürt sofort ihr Genie, ihre Größe, ihre Kraft. Von seinem privilegierten Beobachtungsposten aus hat er die Art von Liebe und Hass (gemischt mit Angst und Furcht) aufgezeichnet, die viele Orchesterspieler und Sänger für diesen kleinen, aber großen Mann empfinden, der dank seines interpretatorischen Genies bei jeder Aufführung riesigen Beifall erntet und die Wiener Oper auf ein Niveau hebt, das sie nie wieder kennen wird. Jahre später, nach Mahlers Tod, wird Natalie all diese Notizen ordnen, indem sie sie in ihr Tagebuch schreibt, das ausdrücklich den Titel Mahleriana trägt, die Geschichte dieser Partnerschaft, voller Anekdoten und Kuriositäten über den Musiker und das Musikleben jener Zeit.

Natalie, die auch das Glück hatte, die Entstehung der ersten Sinfonien und Lieder ab Des Knaben Wunderhorn mitzuerleben, bringt das alles in ihre Seiten zurück.

Leider trug der offene, philanthropische und dilettantische Charakter des Bratschisten nicht dazu bei, die Integrität dieses Tagebuchs zu gewährleisten.

Die Autorin selbst lieh das Tagebuch oft an Freunde und Mitarbeiter aus, was dazu führte, dass manchmal einige Seiten verschwanden und dieses wertvolle Dokument von Tag zu Tag dünner wurde. Das Wenige, das geblieben ist, befindet sich heute im Besitz der Pariser Stiftung von Henry-Louis de La Grange.

Glücklicherweise erschienen Auszüge des Originals dennoch in einigen Zeitungen der damaligen Zeit, 1913 und 1920, bis Bauer-Lechner im folgenden Jahr starb und sich jahrelang niemand mehr darum kümmerte.

Diese Erinnerungen stellen bis heute eine der wichtigsten direkten Quellen für das Verständnis des Phänomens Mahler dar, insbesondere für die Jahre vor seiner Heirat mit Alma. Natalie war eine begnadete Musikerin und besaß einen scharfsinnigen musikalischen Verstand. Deshalb hat Mahler sie ernst genommen, und deshalb sind diese Daten so wertvoll. Nachrichten und Memoiren sind so vor der Zensur bewahrt worden, die Mahlers Witwe zeitlebens bewusst oder unbewusst über die Memoiren ihres Mannes ausübte, was die Mahler-Forschung treffend das Alma-Problem nennt.

Sehr intuitiv schloss Natalie ihre Mahleriana wie folgt ab: *Vor eineinhalb Monaten hat sich Mahler mit Alma Schindler verlobt. Wenn ich darüber sprechen würde, wäre ich in der Position eines Arztes, der gezwungen ist, den Menschen zu behandeln, der ihm am nächsten steht, während er zwischen Leben und Tod ringt. So bleibt mir nichts anderes übrig, als sein Schicksal in die Hände des ewigen und obersten Meisters zu legen!*

Aber überlassen wir Natalie ihrer berechtigten und verständlichen Verzweiflung und kehren wir zu dem Bericht ihres unveröffentlichten *Briefes über Mahler Lieben* zurück. Wie bereits erwähnt, handelt es sich um eine kurze, aber erschöpfende Zusammenfassung all der galanten Abenteuer, die Mahler erlebte, beginnend mit den Jglau-Jahren und endend mit der Ankunft von Alma in seinem Leben.

Es beginnt mit Josephine Poisl, der Briefträgertochter aus Iglau, wohin die Mahlers seit 1861 gezogen waren, und damit dem Ort, an dem Gustav aufwuchs und seine Kinder- und Jugendjahre verbrachte.

Die Affäre mit Josephine geht auf die Jahre 1877-1880 zurück. Mahler beendete gerade sein letztes Jahr am Wiener Konservatorium, wo er 1875 eingetreten war. Seine Liebe zu Josephine war die Taufe für seine ersten veröffentlichten Werke: *Das Lied klagende*, die 1880 fertiggestellt wurden. Neben der Musik stammen auch die Texte vollständig vom Autor. Für dieselbe Geliebte schuf er drei weitere musikalische Werke für Gesang und Klavier, das Lied: *Im Lenz, Winterlied und Maitanz im Grünen* (1880). Die Tatsache, dass die Liebesgeschichte kurz nach der Fertigstellung des dritten Liedes endete, ist der Grund für die Unvollständigkeit dieses Werkes, das ursprünglich auf fünf Lieder angelegt war.

▲ Links die Sängerin Marie Gutheil-Schoder und rechts die schöne Selma Kurz.
◄ Ein bekanntes Porträt der Geigerin Natalie Bauer-Lechner,

Nach der Liebesaffäre mit dem Jglauer Bauernmädchen begann die lange Reihe von Sopranen, Mezzosopranen und anderen mit der Musik verbundenen Frauen. Zu ihnen gehören die Sängerinnen Margarethe Michalek, Johanna Richter, Selma Kurz und Anna von Mildenburg.
Michalek war bekanntlich die erste Protagonistin der 2. Sinfonie und sang auch in zahlreichen anderen frühen Mahler-Opern. Die zweite, Johanna Richter, eine dramatische lyrische Sopranistin, lernte Mahler 1884 kennen, als er den Posten des Kappellmeisters in Kassel innehatte, und sie war die Widmungsträgerin des Zyklus der Gesellenlieder, die genau genommen genau für das Ende dieser sehr leidenschaftlichen und stürmischen Liebesbeziehung geschrieben wurden (eine Konstante, wie es scheint). In der Tat handelt es sich um Lieder in der Schubertschen Manier, die eine Geschichte erzählen, in der sich Liebe und Verzicht gut vermischen.
Es gibt mehr Informationen über Selma Kurz, eine schöne, zerbrechliche und zarte Frau. Die Sopranistin Kurz stammte wie Mahler aus einer jüdischen Familie und lernte Mahler zu der Zeit kennen, als er bereits Musikdirektor der Wiener Staatsoper war.
Er hatte sie Ende 1898 in Frankfurt singen hören, war positiv beeindruckt und bat sie, bei ihm vorzusingen. Diese Tatsache trug dazu bei, dass die Sängerin schließlich einen enormen und totalen Erfolg hatte, der bis zum Ende ihrer musikalischen Laufbahn, gut dreißig Jahre später, anhielt! Mahler selbst bezeichnete ihren Gesang als perfekt und wies ihr sofort die Rolle der absoluten Primadonna zu. Die beiden verliebten sich schließlich ineinander und hatten im Frühjahr 1900 eine kurze Affäre. Selma wollte ihre Karriere nicht aufgeben und zog es daher vor, ihre Beziehung zu beenden.
In einem kuriosen Nachwort heißt es, dass die Sache noch lange danach in der Glut schwelte, was die sentimentale Geschichte zwischen den beiden bestätigt.

Das war um 1910, in Toblach, wo Mahler die Angewohnheit hatte, Freunde und verschiedene Gäste einzuladen. Unter ihnen befand sich auch Kurz, der das Pech hatte, einige Gäste seiner Frau Alma zu treffen, die ihn nicht sonderlich mochten, wahrscheinlich wegen des anhaltenden Klatsches über ihre alte Affäre mit Mahler.

Die irritierte Sängerin steht an einer Stelle auf. Sie macht Gesten in Richtung dieser Menschen und kommentiert laut: *"Es gibt viele Schweine in Wien, und ich habe den Eindruck, dass es auch unter uns welche gibt.*

Eine weitere, für Mahler sehr wichtige Liebe war die zu der Sängerin Anna von Mildenburg (interessanterweise schrieb Bauer-Lechner in ihr Tagebuch, dass sich Mildenburg ihm eines Tages über den im Wesentlichen platonischen Charakter dieser Liebe anvertraute). Mahler lernte Mildenburg 1895 bei den Proben zu den Walküren in Hamburg kennen.

Von diesem ersten Treffen an war das Gefühl, das zwischen den beiden entstand, so offensichtlich, dass es wie ein Messer in die Haut schnitt. Schon bald tauschten sie Briefe, Bücher und kleine Geschenke aus, aber immer im Rahmen einer seltsamen, komplizierten und oft stressigen Liebe. Mildenburgs kapriziöser, hysterischer und unbeständiger Charakter strapazierte die Psyche und die Geduld des armen Mahler. Der Verzicht des Maestros auf die musikalische Leitung in Hamburg wurde daher vom Maestro selbst mit Erleichterung aufgenommen und ermöglichte ein heilsames Ende dieser Leidenschaft, auch wenn die Sängerin später beschloss, Mahler ebenfalls nach Wien zu folgen. In der Zwischenzeit häuften sich die Gerüchte, fast ausschließlich weibliche, dass die Sängerin eine Art Aufsteigerin war, die immer wieder bei mächtigen und wohlhabenden Männern unterkam; diese Tatsache entschied endgültig über das Ende ihrer Beziehung, wovon ein kurioser Brief Mahlers zeugt, der kürzlich auf einer Auktion versteigert wurde und in dem das Ende dieser Affäre mit wütenden Erklärungen angekündigt wird, die keinen Zweifel an ihrer

▲ Die Sängerin Anna von Mildenburg, sicherlich eine der feurigsten und wichtigsten Frauen in Mahlers Leben, versuchte mit allen Mitteln, die Ehe ihres Geliebten mit Alma auszubremsen.
► Auch Anna von Mildenburg mit ihrem Mann, dem Schriftsteller und Drehbuchautor Hermann Bahr.

Berechtigung lassen. Eine Liebesbeziehung, die jedoch von großer Bedeutung war und auf leidenschaftlichen und trägen Leidenschaften beruhte, die denen sehr ähnlich waren, die Gustav in den folgenden Jahren in seiner Beziehung zu Alma erlebte und erlitt.

Dieser große Sänger, ein echter Vollblutsänger, wird dennoch ein Schützling Mahlers bleiben, dem er immer die wichtigsten Partien der Wagnerschen Ring-Inszenierungen vorbehalten wird.

Ihre jugendlich-matronenhafte Statur erinnerte ein wenig an die von Alma, so dass die beiden auf den verschiedenen Fotos, auf denen sie in Mahlers Begleitung zu sehen sind, oft verwechselt werden. Das berühmteste dieser Fotos ist dasjenige, das Mahler zusammen mit Alma auf den Toblacher Wiesen zeigt. Nicht wenige Quellen deuten darauf hin, dass es sich bei der Frau auf demselben Foto um von Mildenburg handelt, und die Orte die Wiesen von Kärnten Alma in ihren Memoiren, während sie in Bezug auf ihren Mann die Vorstellung wiederholt, fast asexuell zu sein, stolpert zwischen den Zeilen oft über unverhohlene Eifersüchteleien gegenüber Mildenburg, die sie schändlich Frau M. nannte. Sie lässt sie auftreten, wo immer sie reisen. In Wien, in verschiedenen Theatern in Europa, sogar in Maiernigg!

Weniger sicher sind die Beziehungen, die sie zu anderen Sängern wie Sophie Sedlmair oder zu Marie Gutheil-Schoder hatte, einer Weimarer Sopranistin, die von Gustav Mahler nach Wien geholt wurde, der sie ungeniert als Genie bezeichnete. Zu den wichtigsten Beziehungen aus der Zeit vor Alma gehört sicherlich die mit Marion Mathilde von Weber, geborene Schwabe, 1856 in Manchester, die wahrscheinlich aus einer jüdischen Familie stammte.

In Leipzig war Marion die Frau des Enkels des berühmten Komponisten Carl Maria von Weber. Ihr Mann war Offizier in der sächsischen Armee und das Paar hatte drei Kinder. Marion war eine sehr leidenschaftliche Frau und

ließ sich ganz auf Mahler ein. Kurioserweise ergab sich der Anlass, der die Annäherung begünstigte, aus beruflichen Gründen. Ihr Mann, Karl von Weber, nutzte die Anwesenheit des berühmten Dirigenten in der Stadt, um ihm einen sehr schwierigen Auftrag zu erteilen. Die erneute Lektüre und möglicherweise die Fertigstellung einer komischen Oper seines berühmten Vorfahren gleichen Namens: *die Drei Pintos*. Zunächst ist Mahler, der gerade einen Blick in das Libretto geworfen hat, verzweifelt und würde den Auftrag am liebsten ablehnen. Zu zahlreich sind die fehlenden Teile, und was da ist, ist überhaupt nicht verständlich. Doch eines Tages hat er eine Eingebung und es gelingt ihm, den Text zu entschlüsseln und in kurzer Zeit auch alles andere richtig zu machen. Ein Werk, das dennoch unweigerlich Kritik einstecken musste, die erste von Richard Strauss, der damals ebenfalls in Leipzig weilte. Ihm wurde im Grunde genommen vorgeworfen, eine Art Mayonnaise mit Material von Weber und Mahler selbst entwickelt zu haben, etwas, was einige Jahre später mit Mahlers Zehnter Symphonie geschehen sollte, die von Deryck Cooke und anderen Musikwissenschaftlern subjektiv vervollständigt wurde.

Tatsache ist, dass Mahler sich im Hause Weber einrichtete, mit völliger Freiheit, zu kommen und zu gehen. Ein bisschen wie das, was mit unglaublichen Ähnlichkeiten einige Jahre später für die Prager Liebe seines Schülers Alban Berg mit Hanna Fuchs-Robettin geschehen wird.

Dies waren die Jahre der Entstehung der Symphonie Nummer 2, der Auferstehung. 1888 hatte Mahler gerade erst mit der Ausarbeitung dieser imposanten Sinfonie begonnen, als seine Liebe zu Marion in ihrer ganzen Größe ausbrach und die zweite Sinfonie nur im ersten Satz fertiggestellt wurde. Nach dieser Sinfonie komponierte Mahler vier Jahre lang nichts mehr, was Bände über das Ausmaß der Liebesbeziehung der beiden Männer spricht.

Auf dem Höhepunkt der Idylle beschloss das Paar, ihren Mann vor vollendete Tatsachen zu stellen. Sie stellten von Weber zur Rede und gestanden ihm gemeinsam ihre Liebe. Der Ehemann wehrte sich und es gelang ihm offenbar, seine Frau mit allen Argumenten davon zu überzeugen, den schneidigen jungen Komponisten nicht wiederzusehen. Verzweifelt verließ er das von-Weber-Haus in Leipzig und reiste nach Prag ab. Er glaubte jedoch an die geheime Abmachung, die er zuvor mit Marion getroffen hatte, wonach sie zu ihm nach Tutzing am Starnberger See bei München kommen sollte.

Marion tauchte jedoch nicht auf, da sie sich offensichtlich entschloss, bei ihrem Mann zu bleiben. Ein kurioses Ende, das an das erinnert, was Jahre später in umgekehrten Rollen mit demselben Mahler und anderen Protagonisten geschehen sollte: Alma und Walter Gropius!

Eine Art von Rache. Dann begann für Mahler die lange Zeit der Depression, die zu seiner längsten Schaffenspause führte. Erst 1892 griff er wieder zu Stift und Papier, um den Liederzyklus Des Knaben Wunderhorn zu schreiben. Erst 1893 nahm er die Arbeit an der zweiten Sinfonie wieder auf und vollendete sie schließlich im folgenden Jahr. Der erste Satz, den er während seiner Affäre mit Marion schrieb, spiegelt mit seinem Finale Totenfeier in seiner ganzen Dramatik den Schmerz und das Leid seiner verlorenen Liebe zu dieser Frau wider.

Die folgenden Jahre waren die Jahre, die ihrer Freundin Natalie Bauer-Lechner die meisten Möglichkeiten boten. Sie war es, die Gustavs Selbstvertrauen wiederherstellte und es gerade noch schaffte, ihn wieder zum musikalischen Schaffen zu bewegen.

Aber überlassen wir das, was damals ihre Geschichte gewesen sein muss, seinen Worten: *"Während wir*

▲ Gustav Mahler mit seiner Schwester Justine und einigen Freunden in Reinchenhall im Jahr 1892.
◀ Porträtfoto der Sängerin Margarethe Michalek.

bis zum Morgengrauen in dem kleinen Zimmer lagen und in Scheherazade-ähnlichen Geschichten von der Welt abgeschottet blieben, entfalteten wir unser ganzes Leben voreinander - ohne Erklärungen, Fragen und Gelübde verschmolzen unsere Psychen und Körper.
Interessant ist an dieser Stelle die Vorstellung, die Alma Mahler von Bauer-Lechner hatte: ŃFrau B., eine Freundin, die in Mahler verliebt war und die, wie hässlich und alt sie auch sein mochte, nach Korrespondenz strebteì. Giftig wie immer!
Zum Schluss noch ein paar Worte über Justine, die geliebte Schwester, die diskrete, aber stets präsente Begleiterin ihres Bruders in seinen Junggesellenjahren. Natalie hatte das Pech, ihrer Meinung nach, nicht mit Justine übereinzustimmen, die sie als eifersüchtig und besitzergreifend gegenüber ihrem Bruder beschreibt. Für Alma lief es besser, nicht zuletzt, weil ihre Schwester Justine durch eine glückliche Fügung der beiden neuen Freunde zur gleichen Zeit mit dem Operngeiger Arnold Rosé vereint war. Ein gesegnetes Timing, denn Justine heiratete am Tag nach ihrem Bruder Gustav. Gerade noch rechtzeitig, um Mahlers Haus in der *Auenbruggergasse* zum Liebesnest des neuen Paares zu machen, über das ganz Wien sprach!

MAHLER AUF FREUDS COUCH

*"Ein Mann, der an seiner eigenen Liebe zweifelt, kann, ja muss an jeder Kleinigkeit zweifeln.
Natürlich bewahren sich alle großen Männer etwas Kindliches.ì "*
Sigmund Freud

"Fröhliche Apokalypse, das ist der Begriff, mit dem Hermann Broch, der bekannte österreichische Dramatiker, den Zustand der Kunst, das gesellschaftliche Leben - kurz, die Luft, die man in jenen magischen Jahren in Wien atmete, in denen die österreichische Hauptstadt wie eine Medaille den Namen Vienna Felix erhielt.
Schwul, sorglos, ironisch, raffiniert und warum nicht auch subtil erotisch, all das ist Wien.
Der beste Ort der Welt zum Leben, an der Wende vom 19. zum frühen 20.
Sogar der große französische Künstler Rodin war davon verzaubert und fragte sich bei seinem Besuch 1902: ÑDas Klima, die Musik und vor allem die Frauen. Alles hier ist schön, fröhlich und unbeschwert, aber was ist es? Sein Freund Klimt
antwortet: *"Lieber Auguste, es ist Österreich!*

▲ Wien zu Beginn des 20. Jahrhunderts ist die Welthauptstadt der Kultur, der beste Ort zum Leben!!!
◄ Fotografie von Gustav Mahler in den Niederlanden.

Die Habsburger haben dort jahrhundertelang ununterbrochen regiert, an der Spitze einer vielfältigen und kosmopolitischen Bevölkerung aus Böhmen, Deutschen, Mähren, Magyaren, Bosniern, Galiziern, Italienern, Kroaten, Slowaken und Juden. Letztere sind heute sehr gut integriert, insbesondere nach dem 1867 unterzeichneten Emanzipationsgesetz.

Außerdem hasst Franz Joseph den Antisemitismus, was eine Garantie für sie ist. Adel und Großbürgertum koexistieren hier, jeder hält seine Privilegien und Aufgaben weit auseinander. Und dann ist da noch die Kunst, die in Wien immer einen privilegierten Platz einnimmt, wie der Kaiser in der Oper seine Königsloge. In keiner anderen Hauptstadt, auch nicht in Paris, wird ein solcher Ästhetizismus gepflegt. Während Hoffmann in der französischen Hauptstadt sein Netz von Boulevards entwirft, schmückt sich Wien mit dem Ring, der dort verläuft, wo einst die Mauern standen, die die Stadt 1683 vor den Türken verteidigten.

Hier trug der Jugendstil seine besten Früchte. Die Künstler der so genannten Secession hatten hier ihre Basis, darunter Karl Moll, Almas Stiefvater, Gustav Klimt, Josef Hoffmann, Otto Wagner und Kolo Moser. Und dann ist da noch die Musik. In Wien hat man in jenen Jahren sicher nicht das Erbe weggenommen, wenn man sagte, man wolle Musiker werden, ganz im Gegenteil.

Und eine Frau zu sein in diesem Paradies an der schönen blauen Donau? Ein Glücksfall! Es war, als wäre man im Frankreich des ausgehenden 18. Jahrhunderts, als die Kurtisanen die gesellschaftlichen und sogar politischen Fäden in der Hand hatten. Die besten Salons der Stadt wurden von Frauen geführt, und der von Berta Zuckerkandl übertraf alle anderen, und es ist kein Zufall, dass bei einer ihrer Empfänge das Ehepaar Alma-Gustav geboren wurde.

Frauen in Wien sind lässig. Sie flanieren allein, rauchen, fahren sorglos und breit lächelnd auf unbequemen Fahrrädern und nehmen Unterricht in Malerei, Architektur und Musik.

Alma tut dies, und sie ist sicherlich nicht allein. Manche weltlichen Puritanismen sind jedoch hartnäckig. Die Ehre der Frau ist immer noch sehr wichtig. Jede Jungfrau will und muss als Jungfrau in die Ehe gehen. Wäre dem nicht so, denken die Wohlmeinenden, gäbe es sicherlich eine orgiastische Entfesselung der Sinne, ein unkontrollierbares Crescendo der Lust und Wollust. Kurzum, es gab Brot (in Hülle und Fülle) für die Zähne des Vaters der Psychoanalyse, aber auch für einen anderen Erforscher der dunklen Windungen des Geistes. Und tatsächlich war 1903 ein junger jüdischer Philosoph Anfang zwanzig, Otto Weininger, der erste. In jenem Jahr veröffentlichte er eine Studie mit dem Titel *"Geschlecht und Charakter"*. Heute gilt dieses Werk vor allem in akademischen Kreisen als sexistisches, homophobes und antisemitisches Pamphlet. Das Buch ist jedoch auch voller interessanter Einsichten, darunter eine, in der er auf die doppelte Präsenz von weiblich und männlich in jedem Wesen hinweist.

Es ist nicht alles sein eigenes Werk. Weininger hat neben einigen unbestreitbaren Tugenden auch gute Ohren und hat viele Reden von Leuten wie Freud, Breuer und Jung gehört, die ihm in der Tat die Urheberschaft solcher Entdeckungen streitig machen. *Ñ Er hat das Schloss mit einem gestohlenen Schlüssel geöffnet*, kommentierte Freud.

▲ Sigmund Freud, fotografiert von Max Halberstadt (1922) für die New York Times,
◄ Berta Zuckerkandl (1864-1945), die Königin der Wiener Salons um die Jahrhundertwende.

Unmittelbar danach nahm sich der labile Schlüsseldieb, vielleicht von Gewissensbissen geplagt, das Leben und hinterließ einen Zettel, in dem er, statt sich von seinen Lieben und Verwandten zu verabschieden, sein geistiges Testament mit einer nicht reduzierbaren Anmaßung verfasste: *Ich glaube, ich habe eine endgültige Antwort auf das gegeben, was man die weibliche Frage nennt.* In der Tat ein spätromantischer Geist.

Inzwischen aber ist der Stein in den Teich geworfen worden, und mit den Worten Freuds können wir nun endlich sagen: "Das Ich ist nicht mehr Herr im eigenen Haus: *Das Ich ist nicht mehr Herr im eigenen Haus.*¿ Die gebildeten Wiener, die Intellektuellen und alle, die ihren Verstand ausreichend einsetzten, passten sich diesen neuen Philosophien des modernen Denkens schnell an. Doch viele hielten sich gerne an dem Widerspruch auf, der traditionell im Mittelalter liegt.

Ich erwähne hier Arthur Schnitzler, ein von Freud selbst hoch geschätzter Kopf, der gerne ironisierte: *"Am liebsten hätte ich einen Harem, und ich möchte nicht gestört werden"*!

Auch der *Herr Direktor* der Wiener Staatsoper scheint die Sache begriffen zu haben, und in einem der ersten Briefe, die er während ihrer Verlobung an Alma schrieb, schreibt er: *"Liebe Alma, glaube nicht, dass ich in der Beziehung zwischen zwei Eheleuten die Frau als eine Art Zeitvertreib betrachte, obwohl sie sich ganz der Hausarbeit und dem Dienst am Mann widmet. Du glaubst doch nicht wirklich, dass ich solche Gedanken habe.*

Mahler ist darauf bedacht, einen guten Eindruck zu machen, und er ist gewiss nicht ungehobelt, wenn er sagt, was er wirklich denkt. Aber seine außergewöhnliche persönliche Komplexität, die Kultur, von der er durchdrungen ist und in die er hineingeboren wurde, führen dazu, dass er in der Realität der Dinge eine noch größere Kontrolle über seine zukünftige Frau verlangt. *Eine conditio sine qua non*, sehr schwer, vollständig und total, geschrieben in einem historischen Brief von nicht weniger als zweiundzwanzig Seiten. Eine Bedingung, die für jede Frau schwer zu ertragen ist, ganz zu schweigen von dem rebellischen Geist von Alma Schindler. Eine Haltung, die wahrscheinlich typisch für Genies ist, die nicht anders können, als sich so zu verhalten, in der Gewissheit, dass sie eine göttliche, höhere Mission haben, für die das Schicksal sie auserwählt hat, sie und nicht andere.

Das zusätzliche Problem bei diesem speziellen Paar besteht darin, dass Alma, die alles versteht und ahnt, in diesem Fall das Genie von Mahler, dessen Musik sie nicht besonders mag, nicht ganz erfasst. Außerdem ist Alma, um vielen Entscheidungen, die sie in ihrem Leben treffen wird, zu widersprechen, antisemitisch, durchdrungen von nietzscheanischen Theorien, radikal missverstanden, die ihr von ihrem Lehrer eingeflößt werden: diesem Max

▲ Die Mahler-Villa in Maiernigg am Wörthersee, einem kleinen See in Kärnten.
◄ Porträt von Gustav Mahler.

Burckhard, einem großen Wiener Theatermann, 25 Jahre älter, der sich sofort hoffnungslos in das Mädchen verliebt und folglich eifersüchtig auf diesen Juden Mahler ist. Er vermittelt dem Mädchen seine Liebe zur Musik von Schubert, Beethoven und Wagner und absurderweise auch seine Geringschätzung der italienischen Musik. Mehr noch, er füllt sie mit pseudowissenschaftlichen Konzepten, die beweisen sollen, dass Juden nicht kreativ sein können.
In gewisser Weise ist
Almas starke Anziehung zu Mahler konformistisch. Sie war beeindruckt von dem großen Dirigenten, von der Aura, die ihn umgab, von seinem Erfolg. Kurzum, der Keim für gewisse zukünftige Komplikationen zwischen den beiden ist bereits vorhanden, noch bevor die Spiele beginnen.
Tatsächlich traten schon bald die ersten Anzeichen von Unglücklichsein und Depressionen auf, die damals den vielsagenden und romantischen Namen *melanconia obscura trugen*.
Seit den ersten Monaten der Ehe fühlt sich Alma wie im Käfig: *ÑIch habe das Gefühl, dass man mir die Flügel gestutzt hat. Gustav, warum wolltest du diesen prächtigen, flugfreudigen Vogel an dich binden, wo doch ein grauer, schwerer Vogel viel besser geeignet gewesen wäre?*
Er vermisst alles! Vor allem vermisst er seine Freunde in Wien, von denen er wegen der schöpferischen Bedürfnisse Mahlers, der sie in ihre schöne Villa in Maiernigg am Wörthersee in Kärnten mitnahm, lange Zeit getrennt sein musste: *Ñ...ich habe alle meine Freunde verloren, um einen zu finden, der mich nicht kennt!*
Außerdem erlebte sie zwei schwere und schmerzhafte Schwangerschaften (und zwei Fehlgeburten), hatte bald zwei wunderbare kleine Mädchen und musste sich mit ihren eigenen, fast nicht vorhandenen mütterlichen Instinkten abfinden: *ÑGustav lebt sein Leben. Meine Tochter braucht mich nicht. Und ich kann mich nicht mehr allein um sie kümmern"*.
Mahler versteht es erst nicht, dann wird es ihm klar, aber er weiß nicht, wohin er sich wenden soll. Also tut er, was er am besten kann, er schreibt ihr ein wunderschönes und ergreifendes Lied: *Liebst du um Schönheit*, ein Teil des *Rückert-Liedes*. Er versteckt die Partitur auf dem Notenpult von Almas Klavier und tut so, als sei nichts passiert;

▲Familienfoto in der Villa Maiernigg mit den beiden Mädchen. Es war eine glückliche Zeit für Mahler, der in diesen Sommern mehrere Sinfonien und Liederzyklen komponierte, abwechselnd beim Schwimmen im See. Alma hingegen wurde immer düsterer, sie spürte die Sinnlosigkeit eines Lebens als Mutter und Ehefrau, das ihre großen jugendlichen Hoffnungen zunichte machte...

► Wieder sind die beiden Mädchen zusammen mit einer Haushälterin. Der plötzliche Tod von Anna Maria ändert das Spiel.

wenn Alma es findet, wird es ein Moment der Ergriffenheit sein, aber bald wird alles wieder so sein wie vorher. Inzwischen ist Alma krank, sehr krank. Unser gemeinsamer Freund Bruno Walter, Mahlers Assistenzdirigent an der Oper, der gerade eine ähnliche Depression erlitten hatte, empfiehlt ihr einen guten Wiener Arzt, einen gewissen Sigmund Freud, der sie wieder aufrichtet, nachdem Walter alles mit Schlammtherapien, Magnetismus, Mixturen und verschiedenen Zauberern versucht hat. Alma vergisst den Vorschlag für den Moment, nur um sich später daran zu erinnern, und die Zeit vergeht.

Das schreckliche Jahr 1907 bricht an. Mahlers Situation an der Wiener Staatsoper ist unhaltbar geworden, anhaltende Spannungen veranlassen ihn schließlich, seinen Rücktritt anzubieten. Er bleibt jedoch auf der Strecke, da er einen großzügigen Vierjahresvertrag mit der New Yorker Metropolitan in der Tasche hat. Die Mahler wird drei Monate im Jahr nach Übersee reisen. Man hofft, dass die vielen Probleme in der Zwischenzeit auch eine Pause einlegen werden. Stattdessen klopft die Tragödie unaufhaltsam an die Tür. Die Familie zog sich nach Maiernigg zurück, um nach den turbulenten Monaten des Rücktritts einen letzten Sommer in heiligem Frieden zu verbringen und wurde Zeuge des Dramas der Krankheit der ersten Tochter der beiden: Anna Maria, genannt Putzi. Das kleine Mädchen ist noch keine sechs Jahre alt und hat sich eine schlimme Diphtherie eingefangen, die dem Scharlach ähnelt. Putzi kämpfte vierzehn Tage lang, bis ihr kleines Herz am 12. Juli aufgab. Ihre Eltern sind am Boden zerstört, ihre jüngere Schwester, die bis in ihre achtziger Jahre hinein leben wird, wird sich für den Rest ihres Lebens wegen des Vorfalls schuldig fühlen, was unweigerlich zu Komplikationen führt.

Die Mahlers verließen die Villa in Maiernigg und kehrten nie mehr zurück, und kurz darauf wurde sie verkauft. Einige Zeit später wählten sie ein großes Haus in Toblach im Pustertal als ihr Feriendomizil, wohin sie in den Monaten, in denen Gustav nicht an der Metropole beschäftigt war, nach Wien fuhren.

Im Laufe der Zeit wuchs Mahlers Ruhm weiter an und erreichte seinen Höhepunkt. In den Jahren in Toblach und New York entstanden die letzten drei Sinfonien, darunter Die Lüge von der Erde, eine echte Liedersinfonie, zumindest innerhalb Mahlers Kanons von Tempo und Dauer. Aber der Maestro war etwas abergläubisch, er wollte Zeit gewinnen, und das betrügerische Schicksal wählte für dieses Meisterwerk nicht die gebührende Nummerierung der neunten Sinfonie, die statistisch gesehen für viele Komponisten die letzte war. So war es bei Beethoven und Bruckner. Für Mahler hingegen wurde es eine weitere neunte Symphonie und auch ein Stück der zehnten Symphonie. Alma, die unterdessen nicht aufhörte zu schmachten, ließ sich von vielen Ärzten untersuchen, aber noch nicht von dem einzigen, der ihr vielleicht helfen konnte.

Die guten Ärzte, die ihn besuchten, schlugen ihm vor, seine angeschlagenen Nerven durch eine Kur in einem guten Heilbad zu kurieren. Das Schicksal, und nur das Schicksal, belohnte die Wahl dieser mittelmäßigen Mediziner.

Die Wahl fiel auf den Kurort Tobelbad in der Steiermark. Alma und Gustav waren seit sieben Jahren verheiratet, und insgesamt kann man sagen, dass sich ihre Verbindung 1910 in Richtung einer relativen Stabilität zu bewegen begann.

Er wurde weniger anspruchsvoll und verständnisvoller, obwohl er nie den Geist der völligen Selbstverleugnung seiner Alma aufgab, den er in dem berühmten zweiundzwanzigseitigen Brief formulierte.

Sie ihrerseits schien eine ruhigere Phase durchzumachen. Und in gewissem Sinne resigniert und nachsichtig, aber das Unbewusste klopfte immer wieder an die Tür, ja, um der Phantasie eine klarere Vorstellung zu geben, klopfte sie sogar an die Tür!

Und der Verantwortliche für diese Hauszerstörungen, der sich bereits im Vorzimmer des Toblacher Bauernhauses befindet, ist jemand, der in Sachen Hausbau unübertroffen sein wird.

Alma lernte unter der interessierten und aktiven Mitarbeit ihrer Mutter, der zwiespältigen Anna Moll, einen gut aussehenden jungen Mann im Kurort kennen. Ein Deutscher, ja ein Preuße. Offensichtlich nicht irgendein Mann. Alma hat ein besonderes Gespür für solche Dinge, wie gewisse Hunde für Trüffel, ihr entgeht nichts. Ihr neuer Supermann ist Walter Gropius, künftiger Direktor sowie Seele und Geist des künftigen Bauhauses, der mit Le Corbusier und F.L.Wright zu einem der bedeutendsten Architekten aller Zeiten werden soll. Zu dieser Zeit ist er jedoch vor allem den Reizen der schönen Alma erlegen.

In Tobelbad leben sie eine intensive Liebe und geben nichts auf, bevorzugt und zugedeckt, wie ihre Mutter sagt, die als offensichtlich erfahrene Frau weiß, was ihre Tochter braucht, um ihre Nerven zu kurieren

Die Kur endet jedoch, und Mahler in Toblach ist zunehmend beunruhigt über sein Frau-Kind, das sich seltsam verhält und nicht einmal Zeit findet, ihm zu schreiben. Alma zieht daraufhin zu ihrem Mann ins Pustertal, der von allem nichts mitbekommt. Die beiden Liebenden schreiben sich unterdessen weiterhin heimlich feurige und kühne Briefe.

Bis eines Tages etwas Seltsames geschah. Einer der vielen Briefe, die Gropius an Alma schrieb und die wie die anderen

▲ Mahler an seinem Arbeitstisch, in einer ähnlichen Situation fand er auch den Brief von Walter Gropius.

▶ Oben das Hotel "Schwarzer Adler" in Toblach, wo der junge Architekt Walter Gropius übernachtete und wo er später mit Alma zusammenkam. Unten der Bahnhof in Toblach, der der letzte Abschied von dem schneidigen Liebhaber war, der nur Jahre später Almas zweiter Ehemann werden sollte. (Foto der Autorin).

voller ungeduldiger Bitten und liebevoller Versprechen waren, trug aus wer weiß welchem Grund den Namen des Adressaten auf dem Umschlag: an Herrn Direktor Mahler.

Der Grund für diese offensichtliche Verwirrung wurde nie enthüllt oder geklärt. Es war bekannt, dass Gropius eine seltsame und unsympathische Neigung hatte, zu versuchen, Frauen zu verführen, die mit Ehemännern verheiratet waren, die ihrerseits irgendwie, zumindest in intellektueller Hinsicht, Gropius selbst verführten, der in der Tat stark von der Figur des großen Komponisten fasziniert war.

Inzwischen liegt der Brief dort, auf dem Klavier im ersten Stock von Trenkers Haus in Toblach, Mahler kommt aus seinem Kompositionshaus im Wald zurück, sieht ihn, öffnet ihn und liest ihn.

Dann ruft er Alma an und fragt: *Was ist das hier?* Alma wiederum liest den Brief... und die Tragödie bricht aus. Mit beherrschter Stimme gesteht sie in Anbetracht der Situation alles und wirkt dabei befreit. Ein jahrelang verdrängter Ausbruch: *Endlich konnte ich ihm alles sagen!* wird sie Jahre später sagen.

Mahler schimpft nicht, er schreit nicht, er schimpft nicht. Er spürt einfach, wie er innerlich stirbt. Er spürt, wie die Welt um ihn herum zusammenbricht. Sie versucht irgendwie, wer weiß warum, ihn zu beruhigen und sagt ihm sofort, dass sie ihn nicht im Stich lassen wird. Sie reden stundenlang, immer in gedämpften Tönen, dann ruft der erschöpfte Mahler seine schuldbewusste Schwiegermutter zu Hilfe, wieder ohne es zu wissen. Sein Verderben ist vollkommen. Nachts steht er schweigend vor dem Bett, in dem Alma schläft, die erschrocken aufwacht, als sie sieht, dass diese Art von Geist sie verzweifelt beobachtet. Tagsüber weint sie alle Tränen der Welt in ihre Komposition ein.

Aber die griechische Tragödie hat noch kein Ende. Einige Tage nach dem Brief traf Gropius unerbittlich in Toblach ein. Alma flehte ihn an, wegzubleiben, aber der junge Mann, wahnsinnig verliebt, wollte nicht auf die Vernunft hören. Gropius beginnt, bei Mahler zu posten, bis das Paar eines späten Abends vor dem Haus steht und eine Person bemerkt, die sich halb unter der nahen Eisenbahnbrücke versteckt. Alma erkennt sofort, um wen es sich handelt, aber es ist Mahler, der sich der Sache annimmt. Er erreicht Gropius und lädt ihn ein, ihm in einer Art dekadentem präraffaelitischem Bild hinter dem schummrigen Licht einer Kerze ins Haus zu folgen.

Sie lässt die beiden Liebenden allein im Salon zurück und zieht sich in ihr Zimmer zurück, um in der Bibel zu lesen. Doch Alma verweilt nur wenige Augenblicke bei ihrem Geliebten und erreicht den besorgten Mahler in seinem Zimmer. Erschüttert, aber ruhig, findet er die Kraft, ihr etwas zuzuflüstern: *Tun Sie, worauf Sie Lust haben, und was Sie tun, wird gut gemacht sein. Treffen Sie Ihre eigene Entscheidung.* Sie kehrt zu Gropius zurück, er bittet sie, mit ihm zu kommen. Alma hält inne, vertröstet ihn, auf keinen Fall. Sie bleibt bei ihrem Mann. Und so ist es wieder Mahler, der es auf sich nimmt, den jungen Mann mit einer Kerze auf dem Weg ins Dorf zu begleiten. Später findet Gropius einen Weg, Mahler für seine Freundlichkeit zu danken.

Am nächsten Tag gesellt sich Alma zu Gropius für ein letztes Lebewohl, sie lieben sich wahrscheinlich im Hotelzimmer des Schwarzen Adlers und besteigen ihn schließlich im Zug, Amen!

So begannen, oder besser gesagt, verstärkten sich die schmerzlichen Qualen des armen Gustav, der auf dem Manuskript seiner unvollendeten zehnten Symphonie die folgenden Sätze notierte: *Ñ Oh Gott, oh Gott, warum hast du mich verlassenì.*

Und wieder: *Lebe wohl meine Leier..lebe für dich! Für dich stirbt Almschi!*

Die physiologische Folge von so viel Leid, die anschließende Demütigung, Mahler wird impotent. Und der Moment, zu oft aufgeschoben, sich an einen anderen Übermenschen zu wenden: Sigmund Freud. Alma selbst, die sich an das Erlebnis von Bruno Walter erinnert und Gustav davon erzählt, nimmt regen Anteil. Die Fakten sind interessant und wert, erzählt zu werden.

1904 hatte Walter eine Art Blockade in seinem rechten Glied, die es ihm nicht erlaubte, das Orchester zu dirigieren, eine Art seltsame Lähmung,

▲ Das von Mahler gemietete Bauernhaus in Toblach ist heute ein Ziel für alle Mahler-Neulinge, die aus der ganzen Welt anreisen. Die Familie bewohnte den gesamten ersten Stock, wo sich die Veranda mit Blumen befindet

▶ Oben Gustav Mahler und seine Tochter Anna in der Scheune ihres Hauses. Als großer Wanderer war das Pustertal der ideale Ort für seine Wanderungen durch wunderschöne Berge.

▶ Blick auf Toblach im Jahr 1909, als Mahler diesen Ort häufig aufsuchte.

die mit ziemlicher Sicherheit durch einen Nervenschock nach den Angriffen der Kritiker auf sein Werk verursacht wurde, Angriffe, die kunstvoll gemacht waren, um indirekt Mahler selbst zu treffen, der Walters Vorgesetzter war. Letzterer wendet sich an Freud. Der Psychoanalytiker erkundigte sich nicht nach Walters Leben (wie er es erwartet hätte), sondern fragte ihn plötzlich, ob er jemals auf Sizilien gewesen sei, und als er dies verneinte, schlug er ihm vor, so bald wie möglich auf die Insel zu reisen! Walter gehorchte, besuchte Sizilien und verliebte sich in die Insel, aber nach seiner Rückkehr nach Wien war sein Arm weiterhin wie gelähmt. Er wendet sich erneut an Freud und bittet ihn um eine Erklärung, woraufhin dieser ihm befiehlt, die Regie wieder aufzunehmen.
Es gelang ihm, ihn in nur sechs Sitzungen zu überzeugen....Freuds Rezept wirkte. Walter nach Sizilien zu schicken, hatte nichts mit Psychoanalyse zu tun... Es scheint, dass Freud in dem jungen, kultivierten und intelligenten Patienten sofort ein offensichtliches Symptom der Konversion erkannte. Und dass er zunächst einfach auf die analytische Therapie verzichtete und zu den alten empirischen Mitteln zurückkehrte, wahrscheinlich aus rein praktischen Gründen oder weil er zu diesem Zeitpunkt einfach keine Zeit hatte.
Für Freud waren Griechenland (das er kurz zuvor mit großer Begeisterung besucht hatte) und Sizilien eng miteinander verbunden....Die Einladung, Sizilien zu besuchen, entspricht also in idealer Weise der Rückkehr in die eigene Kindheit und der Suche nach dem Ursprung der Verbote, die den Erfolg verhindern.
Nun war aber Mahler an der Reihe, denn Freud war nicht in Wien, sondern mit zwei seiner Söhne auf Urlaub in Leiden in Holland. Glücklicherweise gehörte zu Almas Bekanntenkreis ein Cousin von ihm, der Neurologe Nepallek, der sich bemühte, einen Termin für den berühmten Patienten zu bekommen.
So schnell wie möglich, denn Mahler schweift ab und tut dies indirekt mit schweifenden Notizen, die er in einem ununterbrochenen Strom schreibt und gleich danach auf den Nachttisch seiner Frau legt:

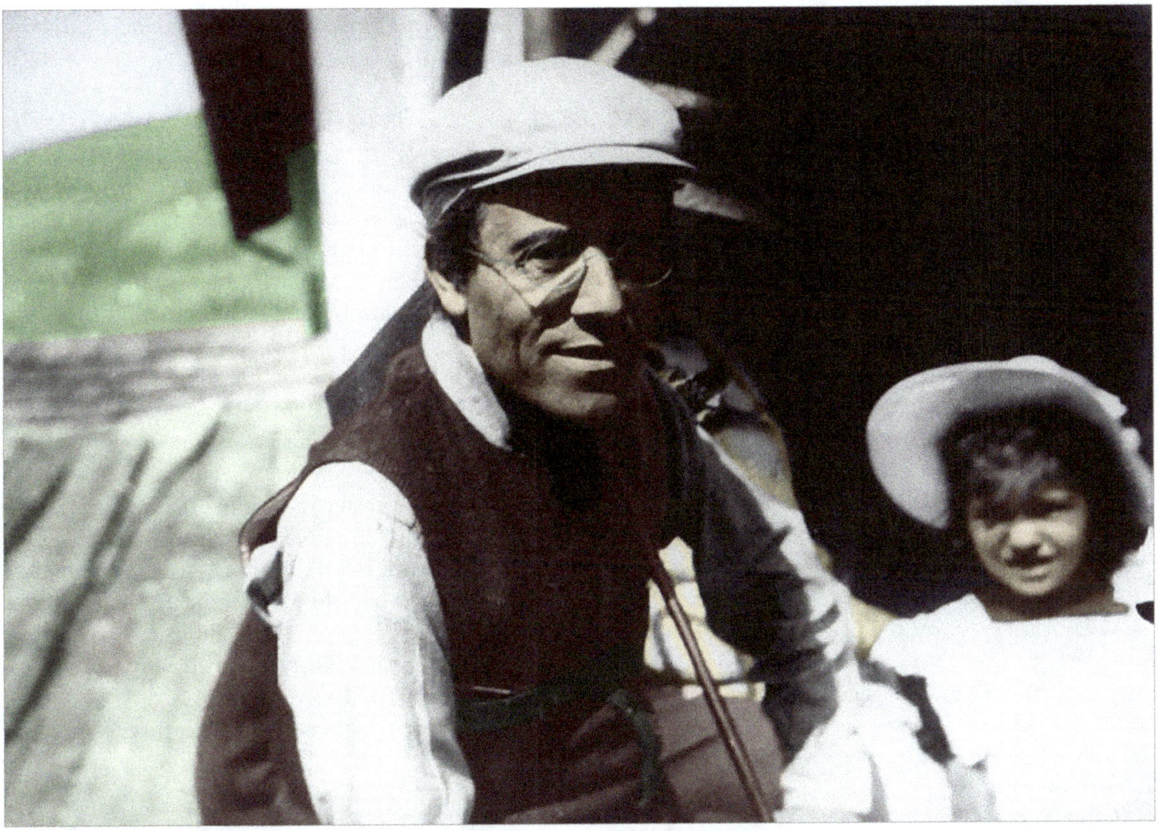

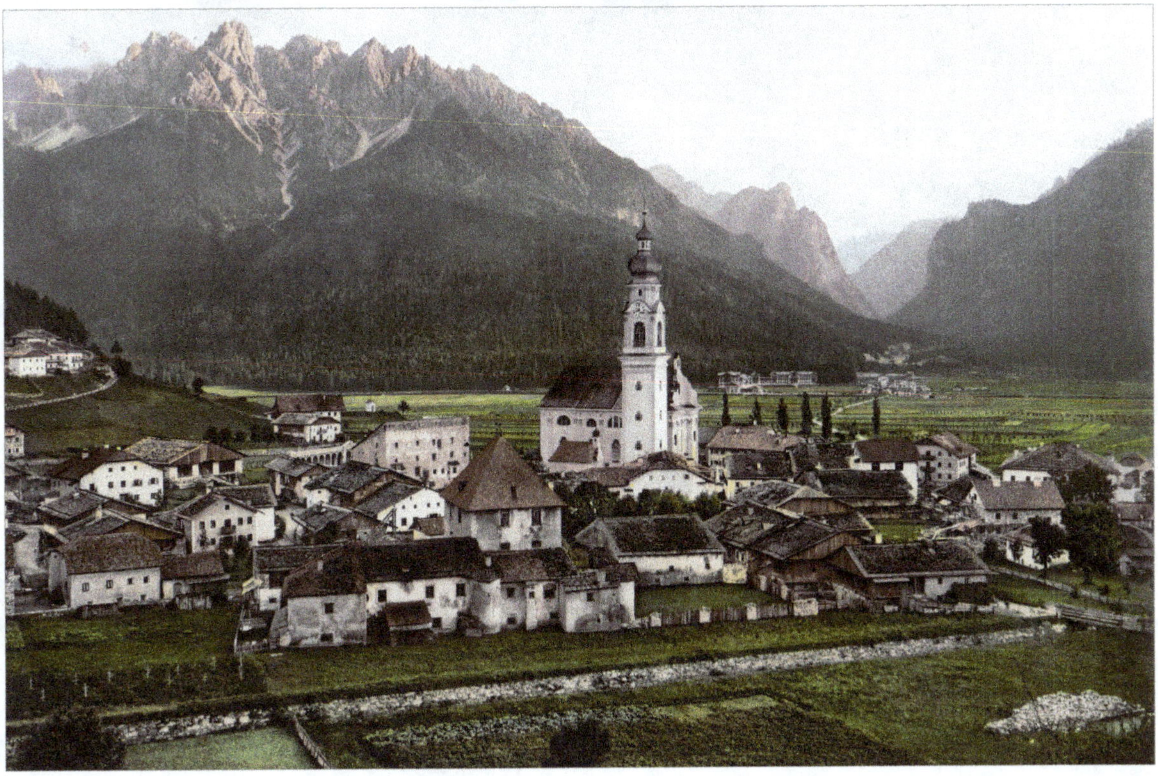

Quelle meines Lebens, tausend und abertausend Mal küsste ich deine kleinen Pantoffeln, und ich blieb voller glühender Sehnsucht vor deiner Tür stehenDie Dämonen bestraften mich tausend Mal, weil ich wieder an mich und nicht an dich dachte.

Und wieder stürzt er sich in der Illusion, sie zu überraschen, kopfüber in die von seiner Frau geschriebenen Lieder, die er immer für mittelmäßig gehalten hat. Jetzt zeigt er sich begeistert von ihrer Lektüre, er spielt sie stundenlang auf dem Klavier, wie er es noch nie zuvor getan hat, nicht einmal zehn Minuten langDefiniert Almas Werke als Wunder, Sterne, die immer an seinem Firmament leuchten werden, solange er lebt (sic).

Wie bei einer Sanduhr, wenn der Staub abläuft, hat sich das Dominanzverhältnis zwischen den beiden nun gedreht. Nicht mehr Er über Sie, sondern das genaue Gegenteil. Jahre später rahmte die Witwe Mahler mit perfider Koketterie diese Karten im Salon ihres Wiener Hauses ein, als prestigeträchtige Jagdtrophäen, aber auch als Warnung an zukünftige Kandidaten.

Alma als eine Art Turandot revisited? Freud sollte sich dringend an die Arbeit machen! Der große Arzt organisierte unter anderem seine lang ersehnte Reise nach Sizilien, erklärte sich aber dennoch bereit, Mahler zu empfangen, der von einer Art obsessivem Unwohlsein geplagt war. Es muss auch gesagt werden, dass es für Freud eine Gelegenheit war, wie er selbst zugab: ... *die ganze psychologische Intelligenz eines außergewöhnlichen genialen Schöpfers kennen zu lernen.* Aus verschiedenen Gründen konnte er jedoch bei dieser Gelegenheit nicht erreichen, was ihm bei Walter gelang, der wie Mahler eine gewisse angeborene Abneigung gegen die psychoanalytische Therapie hatte, eine Wissenschaft, die in jenen Jahren noch als zu obskur galt. Bei Walter gab es jedoch Zeit, verdünnt mit dem Trick von Sizilien, dank dem der Patient sich dann fügsamer behandeln ließ. Bei Mahler gab es diese Möglichkeit leider nicht, und alles wurde gewaltsam auf kaum mehr als vier Stunden Plauderei an den Grachten von Leiden im fernen Holland verdichtet.

Freud warnte oder ahnte, dass es keinen Raum und keine Zeit für eine wirksame Therapie geben würde, und in der Tat überlebte Mahler weniger als ein Jahr nach diesem Besuch Ende August 1910.

In der Zwischenzeit leistete der Patient, wie vorhergesagt, Widerstand. Er schickt ein erstes Telegramm an Freud, in dem er um ein Treffen bittet, und gleich darauf ein zweites, um den Termin abzusagen. Ein paar Tage später wiederholt sich die Szene: neue Anfrage und neue Absage. Bei der dritten doppelten Terminabsage nimmt Freud

▲ Drei Frauen-Generationen und nicht weniger als zehn Ehemänner und noch mehr Liebhaber!
Alma mit ihrer Tochter Anna (Gucki) und ihrer Mutter Anna Moll, hier fotografiert zusammen mit Mahler, ihrer Halbschwester Maria Moll und ihrem Freund und Kollegen Oskar Fried auf der Plattform des Pragser Wildsees bei Toblach 1910. Maria Moll und ihr Vater Karl sollten Jahre später glühende Nationalsozialisten werden und waren an der Enteignung von Kunstwerken von Alma Mahler beteiligt, die als Frau von Mahler und dem jüdischen Schriftsteller Franz Werfel aus Österreich fliehen musste. Das Foto ist sehr wichtig, da es kurz nach der berühmten Mahler-Gropius-Krise aufgenommen wurde.

entschlossen die Sache in die Hand und teilt Mahler, der mit dem Rücken zur Wand steht, mit, dass ihm nicht mehr viel Zeit bleibt. Freud kennt die klinischen Symptome, die Mahler plagen, und ist nicht überrascht. Gegenüber seinem Biographen Ernest Jones erklärte er Jahre später, dass Mahler an einer *Folie de Doute* (Zweifelwahn) leide, die durch seine Zwangsneurose verursacht werde und seine Unentschlossenheit erkläre. Mahler unterbrach daraufhin die Arbeit an der Symphonie Nr. 10, an der er gerade arbeitete, als sich die geschilderten Ereignisse ereigneten, und erreichte nach einer traumatischen viertägigen Rundreise schließlich Freud in Leiden. Die Begegnung zwischen den beiden fand am 26. und 27. August 1910 statt. Was die beiden in dieser kurzen Zeit zueinander sagten, ist in Freuds eigenen Erinnerungen an seine Mitarbeiter und Biographen überliefert. Das Treffen hatte das Verdienst, den armen Mahler

▶ Die Kompositionshütte in Toblach, hier in einer Zeichnung von Almas Stiefvater Karl Moll.

◀ Der Steg am Pragser Wildsee, wie er heute ist. Er ist praktisch derselbe wie auf dem Bild oben auf dieser Seite, als die Mahlers darauf saßen.

eine Zeit lang zu beruhigen. Der Musiker hatte offensichtlich, wie fast alle anderen zu dieser Zeit, keine Ahnung von der Psychoanalyse, so dass ihm viele Theoreme, gelinde gesagt, seltsam erschienen sein müssen. Doch als Freud zufällig eine nominelle Verbindung zwischen seiner Mutter Maria und seiner Frau Alma Maria entdeckte, war sein Interesse geweckt.

Der Arzt bestätigt, dass seine Haltung und seine Neurose irgendwie auf sein instinktives Bedürfnis zurückzuführen sind, in der Frau, die neben ihm lebt, die Mutterfigur zu sehen. Seine Mutter Maria, eine unglückliche Braut, die durch nicht weniger als vierzehn Geburten und acht frühe Tode ihrer Kinder gequält wurde, führte ein sehr unglückliches Leben. Um seine Mutter wiederzusehen, muss er nun auch Alma leiden lassen. Aber es gibt auch Überlegungen für Alma. Freud urteilt, dass Mahlers Frau, indem sie einen Mann heiratete, der nicht groß, weise und viel älter als sie war, eigentlich einen Mann suchte, der sie an ihren Vater erinnerte. Einem Vater, den Alma verehrte (dem sie eines ihrer erfolgreichsten Lieder widmen sollte: *In meines Vaters Garten*). Wenigstens für diese Tatsache muss Mahler, der sie immer als störend empfunden hat, seinen Frieden finden. Der Altersunterschied ist oder sollte ein Problem sein, denn er ist der Hauptgrund für Almas Anziehung zu ihm.

Auf dem Rückweg nutzt Mahler alle Bahnhöfe, um beruhigende Telegramme an seine Frau zu schicken.

Aber zurück zur Sitzung, besser gesagt zum Leidener Spaziergang. In den Erinnerungen, die der Vater der Psychoanalyse seiner Schülerin Marie Bonaparte zuschrieb, findet sich auch ein interessanter Satz, der etwas mit Musik zu tun hat, von der Freud nicht die geringste Ahnung hat. Er erinnert sich, dass Mahler ihm an einer Stelle seine Unfähigkeit anvertraut hat, in seiner Musik ein hohes Niveau zu erreichen.

Es war, als sei es eine Art innerer Ruf, eine Glocke, die ihn irgendwann zur Ordnung rief und ihn zwang, eine banale Melodie in das Werk einzufügen. Und in der Tat haben viele von Mahlers Werken, vor allem die Fünfte Symphonie, diese doppelte Eigenschaft. Zeiten erhabener, intimer Lyrik wie, wiederum im Falle der Fünften, das berühmte Adagietto (aber auch der erste Satz *Trauermarsch*), werden von leichteren, heiteren Tempi wie dem Scherzo und dem Schlussrondo unterbrochen. Musikwissenschaftler und verschiedene Kritiker haben immer wieder darauf hingewiesen, dass in Mahlers Musik Stücke zu finden sind, die mit seiner Kindheit verbunden sind. Sie entspringen der Erinnerung an Militär- oder Trauermärsche oder einfach an vorbeiziehende Orchester. Die Tatsache, dass der Komponist selbst eine angebliche Schwäche oder Mittelmäßigkeit dieser Musikstücke erkannt hat, wurde erst während des Leidener Dialogs zum ersten Mal erwähnt. Im weiteren Verlauf seiner Ausführungen gegenüber Freud, wiederum in Bezug auf seine Musik, erwähnte Mahler eine Gewaltszene, die er als Kind miterlebt hatte. Er erzählte, dass sein Vater, der ein ziemlich grobes und brutales Subjekt gewesen sein muss, eines Tages seine arme Frau misshandelte und vielleicht schlug.

Der junge Gustav, erschrocken und erschüttert, floh vor dem Anblick dieser tragischen Szene, da er sie nicht ertragen konnte. Als er sich auf dem Hauptplatz von Iglau wiederfand, begleitete ihn der Klang einer jener Standorgeln, die durch die Dörfer zogen und die ein Wiener Volkslied sangen: *O du lieber Augustin!* Dieses gelegentliche Zuhören hatte die wohltuende Wirkung, die Seele des Jungen für einen Moment über das soeben Erlebte zu beruhigen. Er kam dann zu dem Schluss, erinnert sich Freud, dass es in ihm ein angeborenes Bedürfnis gab, hohe und niedrige Momente in der Musik zu vermischen, so wie er es im Leben getan hatte. Merkwürdigerweise kehrte dieses Bedürfnis, das Tragische mit dem Fröhlichen zu vereinen, auch in anderen Situationen wieder. Zum Beispiel, als Mahler beschloss, sich dem Schreiben der *Kindertotenlieder* in Maiernigg zu widmen, und zwar genau in den Jahren (wenn nicht gar Momenten), in denen seine beiden Töchter geboren wurden, sehr zum Leidwesen von Alma, die das einfach nicht verstehen konnte. Eine seltsame Mischung aus Glück über die Geburt der Töchter, die die Erinnerung an die starke Trauer über den Verlust ihrer vielen früh verstorbenen Brüder kompensieren musste.

Am Ende vertraute Freud seinem Kollegen Theodor Reik, übrigens ein Mahler-Fanatiker, Folgendes an: *Ich habe Mahler analysiert, wenn ich dem Glauben schenken darf, was geschrieben wurde, hatte ich einige positive Ergebnisse bei ihm. Er bat um meine Beratung, weil seine Frau nach einem Libidoverlust aufgestanden war. Ich analysierte sein Sexualverhalten und insbesondere seinen Ödipuskomplex. Ich hatte auch zahlreiche Gelegenheiten, etwas über die tiefgreifenden psychologischen Durchdringungsfähigkeiten dieses brillanten Mannes zu erfahren. Es war jedoch nicht möglich, die symptomatischen Aspekte seiner Zwangsneurose zu erhellen. Es war, als ob er einen tiefen, engen Brunnen in einem geheimnisvollen Gebäude gegraben hätte.* Kurzum , selbst der große Arzt hatte erkannt, dass es sich bei dem Patienten um einen harten Brocken handelte!

▲ Eines der allerletzten Fotos von Gustav Mahler, bereits sichtlich von Krankheit gezeichnet, an Bord des Schiffes, das ihn wenige Wochen vor seinem Tod zurück nach Europa brachte

◀ 1904 Mahler schlendert nach dem Verlassen der Wiener Staatsoper zu Fuß durch die Kärntner Straße und geht durch das Tor in die Augustiner Straße (die heutige Philharmonikerstraße)...

Doch wie bereits erwähnt, kehrte der Patient einigermaßen erleichtert zurück, auch wenn vier Stunden Analyse, selbst beim Vater der Psychoanalyse, keine Wunder bewirken konnten. Schließlich erreichte er Toblach und Alma voller Zuversicht. Seine Libido war endlich wieder in Betrieb. Jetzt konnte (und wollte) er wieder mit der begehrten Primadonna seines Lebens Liebe machen. Währenddessen teilt Alma ihre Zeit unter großer Geheimhaltung und mit einigen Schwierigkeiten zwischen den beiden Männern in ihrer Gegenwart auf. Unbarmherzig informiert sie ihren Geliebten über die Veränderungen ihres Mannes. Sie erzählt ihm von ihrer wiedergefundenen Begeisterung für die Liebe: *Ñ...ich schenke ihm mein Leben, wenn ich in seiner Nähe bleibe, ich verursache seinen Tod, wenn ich ihn verlasse Gustav ist wie ein verwöhntes krankes Kind!*

DIE MUSIK

"Die stolze und schöne Königin wird nur denjenigen heiraten, der ihr eine rote Blume bringen kann, die so schön ist wie sie.ì"
Das Klagende Lied

- Das Klagende Lied und andere Lieder

Mahlers musikalisches Debüt beginnt mit einem Märchen, das dramatisch und tragisch ist und daher bereits auf das intime Gefühl seines Autors abgestimmt ist. Mahler ist achtzehn Jahre alt.
Die Rede ist von *Das Klagende Lied*. Mahlers große Liedleidenschaft, die er mit seinen Sinfonien teilte und schließlich in einem großen symbiotischen Werk vereinte *Das Lied von de Erde*!
In Wirklichkeit hatte der Komponist bereits 1880 als Hommage an eine seiner ersten Lieben, Josephine Poisl, drei Lieder auf Texte von Gustav Mahler selbst mit den Titeln *Im Lenz, Winterlied und Maitanz im Grünen*. Dies waren die Vorläufer des ersten ernsthaften Werks des *Klagenden Liedes*, ein Name, der mit Das Lied der Klage und der Anklage übersetzt werden kann, ein Meisterwerk, wie wir sofort feststellen sollten. Der Komponist, obwohl noch sehr jung, legt sofort einen guten Start hin, die Prägung durch das Genie ist bereits vorhanden. Erst drei Jahre zuvor, 1875, war er in Wien in das Konservatorium eingetreten und hatte sich mit seinem Zeitgenossen Hugo Wolf (ebenfalls ein großer Liedermacher) und dem kaum älteren Hans Rott angefreundet, zwei tragischen Gestalten (die beide in einer Irrenanstalt umkamen), die aber für Mahlers Wachstum und Auseinandersetzung wichtig waren. Die drei gehörten zu jener Minderheit der Wiener Schule, die den Typus für Bruckner und Wagner darstellte, im Gegensatz zu der von Brahms diktierten Mode der Zeit. Das *Klagende Lied*, das genau zwischen 1878 und 1880 komponiert wurde, enthält in seiner Gesamtheit bereits die Keime des Mahlerschen Stils, obwohl das Werk unvermeidlich Anklänge an Wagner, Schubert und Bruckner aufweist.
Der erste Entwurf dieses Werks war umfangreicher als derjenige, den der Autor später selbst veröffentlichte, als er ein bekannter Dirigent wurde. Tatsächlich wurde der Entwurf zweimal überarbeitet, einmal 1893 und einmal 1898, wobei der gesamte erste Teil, der *Waldmarsch*, gestrichen wurde. Erst in neueren Aufführungen wurde er wieder aufgenommen, wobei Mahler ihn im Interesse eines ausgewogeneren Werks opferte. Wie bereits erwähnt, wurde das *Klagende Lied* von Mahler selbst der Öffentlichkeit vorgeschlagen, da er als Dirigent bald große Bekanntheit erlangte. Zu Lebzeiten wurde Mahler vor allem als Dirigent und weniger als Komponist berühmt. In diesem Bereich verlief seine Karriere schnell und ungehindert, was natürlich durch sein großes angeborenes Talent begünstigt wurde. Im Alter von 20 Jahren war er bereits in Ljubljana und Olmütz tätig, 1882 als stellvertretender Direktor in Kassel.
Mit 26 Jahren war er in Leipzig und mit 28 Jahren wurde er Direktor der Budapester Oper, bis er der unangefochtene König der Wiener *Staatsoper* wurde! Während der Kasseler Jahre entsteht eine zweite Reihe von Liedern mit dem Titel *Lieder und Gesange aus der Jugenszeit*. Bis zum Ende der 1891 abgeschlossenen Schrift werden insgesamt 14 komponiert, während der erste Block von 1883 nur fünf Lieder umfasst.
Im Jahr 1884 wurde eine vierte Serie von Liedern fertiggestellt, die vier Lieder *Eines fahrenden Gesellen*". Es handelt sich um einen Zyklus, der wie üblich für Gesang und Klavier komponiert wurde. Sie entstanden zwischen Ende

Hans Rott 1858-1884

Rott wurde in Wien geboren und entstammt der Beziehung zwischen der 18-jährigen Maria Rosalia Lutz und dem 51-jährigen Carl Mathias Rott (1807-1876). Beide Eltern waren künstlerisch tätig: Sein Vater war ein damals in Wien recht berühmter Komiker, seine Mutter war nicht nur Schauspielerin, sondern auch eine bekannte Sängerin. Der junge Rott wurde recht früh Waise, 1876 waren sowohl sein Vater als auch seine Mutter bereits verstorben. In den Jahren 1874-1875 inskribierte und besuchte er die Universität für Musik und darstellende Kunst Wien, wo er unter anderem die Möglichkeit hatte, bei Anton Bruckner Orgel zu studieren, der ihn als den besten seiner Schüler schätzte und glaubte, dass Rott und nicht Mahler die Zukunft der Musik gestalten würde. Nach dem Tod seiner Eltern verschlechterten sich die finanziellen Verhältnisse des jungen Mannes drastisch und zwangen Hans, sich selbst zu beschäftigen, um zu überleben. Trotz dieser Schwierigkeiten konnte er seine Studien fortsetzen und erhielt zwei Ehrenpreise" des Konservatoriums, vor allem aber eine Stelle als Organist an der Kirche in Piaristen (Maria Treu), wo er auch im angrenzenden Kloster unterkam. In diesen Klosterzellen lernte Rott seinen Freundeskreis kennen, darunter Gustav Mahler und Hugo Wolf. In Anbetracht der Kürze seines Lebens schuf er eine ganze Reihe von Kompositionen, darunter die Symphonie As-Dur für Streichorchester (1874-1875), der ein Symphonisches Finale, zwei Ouvertüren (eine aus Hamlet und eine aus Julius Cäsar) und eine Suite für Orchester folgten, sowie einige Lieder und vor allem die berühmte Symphonie in E-Dur.

1880 kam es zu einem Zwischenfall mit Johannes Brahms, der zusammen mit Eduard Hanslick und Karl Goldmark über die Vergabe eines Staatsstipendiums zu entscheiden hatte. Der große Hamburger Komponist ging so weit, dass er bezweifelte, dass die fragliche Symphonie wirklich von dem jungen Rott stamme, denn - so argumentierte er - "neben so viel Schönem finden sich in der Komposition wieder so viele banale oder sinnlose Elemente, dass sie gewiss nicht von Rott sein kann". Für den enttäuschten Rott war dies ein schwerer Schlag, der sich auch auf seinen psychischen Zustand auswirkte. Schon bald zeigte er Anzeichen von geistigem Unwohlsein. Am 23. Oktober 1880 sah ein Fahrgast, der sich gerade eine Zigarre anzünden wollte, wie Rott ihn mit einer Pistole bedrohte, denn - so behauptete er - "Brahms hat den Zug mit Dynamit gefüllt, machen Sie sofort Ihre Zigarre aus, Sie riskieren, alles in die Luft zu jagen". Die Fahrgäste verstanden das Drama und halfen ihm, sich zu beruhigen. Noch am selben Tag wurde er in die psychiatrische Klinik des Wiener Allgemeinen Krankenhauses eingeliefert, "in einem Zustand völliger Verwirrung".

In der Anstalt benutzte er seine Manuskripte als Klopapier und rief verzweifelt: "Das ist das Schicksal, das die Werke der Menschen verdienen!" Wäre er besser versorgt worden, hätte er vielleicht anständig überlebt, sich vielleicht erholt oder zumindest gebessert. Doch sein Schicksal war bereits besiegelt. 1881 unternahm er einen ersten Selbstmordversuch und wurde deshalb in die Anstalt in Niederösterreich eingewiesen, wo er am 25. Juni 1884 an Tuberkulose starb. Er war noch keine 26 Jahre alt. Bei der Beerdigung des unglücklichen Musikers wollte Bruckner Brahms angreifen, ihm zurufen, dass er für das Unglück verantwortlich sei. Dass er "eine wahre künstlerische Ungerechtigkeit" begangen habe. Aber er war zu aufgebracht und scheiterte.

1884 und Silvester 1885, wurden aber erst 1897 veröffentlicht. Wie ihre Vorgänger entstanden auch diese Lieder als Folge einer schmerzlichen privaten Angelegenheit, der unglücklichen Liebesbeziehung mit der Sängerin Johanna Richter, einer Primadonna an der Kasseler Oper, dem Theater, an dem Mahler von 1883 bis 1885 tätig war. Der Text wurde von Mahler selbst verfasst. Es waren auch die letzten nach dem Poisl-Lied, bei denen der Komponist den Text verfasste, denn von nun an wurden die Texte von Fachleuten für Prosa ausgewählt. Das bekannteste der vier Lieder ist *Ging heutí morgen ̦bers Feld*. Das Lied wechselt in die Paralleltonart D-Dur und nimmt eine Tendenz In *gemachlicher Bewegung auf.* Vom anfänglichen Optimismus, der das Stück durchdringt, führt jedoch eine Modulation nach B-Dur den Protagonisten zurück zur Idee eines verlorenen Glücks. Das Thema wird für die Eröffnung der Symphonie Nr. 1 verwendet. Interessant ist aber auch das erste der Lieder mit dem kuriosen Titel *Wenn mein Schatz Hochzeit macht,* hier der Text:

Wenn mein Schatz Hochzeit macht

Wenn mein Schatz Hochzeit macht, fröhliche Hochzeit macht,
hab' ich meinen traurigen Tag!
Geh' ich in mein Kämmerlein, dunkles Kämmerlein,
weine, wein' um meinen Schatz, um meinen lieben Schatz!
Blümlein blau! Verdorre nicht!

Vöglein süss! Du singst auf grüner Heide!
Ach! Wie ist die Welt so schön! Ziküth!
Singet nicht, blühet nicht! Lenz ist ja vorbei!
Alles Singen ist nun aus!
Des Abends, wenn ich schlafen geh',
denk ich an mein Leide! An mein Leide!

Wie bereits erwähnt, handelt es sich um Texte von Mahler selbst, doch sollte man nicht vergessen, dass Mahler sich einige Jahre später an die Aufgabe machte, ein Stück von Weber zu vollenden: Die drei Pintos.
Bei dieser Gelegenheit stieß er in der Bibliothek der Von Weber-Erben auf das Buch Des Knaben Wunderhorn. Dabei handelt es sich um eine von Achim von Armin und Clemens Brentano gesammelte und überarbeitete Anthologie von Volksliedern, die zwischen 1805 und 1808 veröffentlicht wurde. Mahler übernahm die meisten Texte seiner späteren Lieder aus dieser Quelle, aber er muss zumindest mit einigen von Arnim-Brentanos Texten vertraut gewesen sein, wenn im ersten der Lieder der oben veröffentlichten Reihe überarbeitete Spuren einiger Strophen aus Eines fahrenden Gesellen auftauchen. In der Tat hat er zwei Strophen des Wunderhorns erheblich umgearbeitet, wo wir lesen: Denk ich an meine Leide!

- Der Titan, Sinfonie Nr. 1 in D-Dur (1887)

Als ideale Verbindung zum Lied *eines fahrenden Gesellen* beginnt die erste Sinfonie mit der pastoralen Musik von *Ging heut' morgen übers feld*, Der Wortlaut lautet:

Ging heut' morgen übers Feld,
Tau noch auf den Gräsern hing,
sprach zii mir der lust'ge Fink:
«Ei, dn! Geit? Guten Morgen! Ei, gelt? Du!
Wird's nicht eine schone Welt? schöne Welt?
Zink! Zink! Schön und flink!
Wie mir doch die Welt gefällt!».
Auch die Gloekenbkim' ani Feld
liat mir kistig, guter Ding,
mit deliì Glöckchen klinge, kling,
Ihren Morgengruss gesehellt:
«Wird's nicht eine schöne Welt? schöne Welt?
Kling! Kling! Schönes Ding!
Wie mir doch die Welt gefällt! Heiah!».
Und da fing im Sonnenschein
gleich die Welt zu funkeln an:
alles, alles, Ton und Farbe gewann im Sonnenschein!
Blum und Vogel, gross und klein;
«Guten Tag! Guten Tag! Ist's nicht eine schöne Welt?
Ei, du! Gelt? Schöne Welt!»,
Nun fängt auch mein Glück wohl an?
Nein! Nein! Das ich mein', mir nimmer blühen kann!

Gustav Mahlers Sinfonie Nr. 1 in D-Dur wurde mit einer langen Entstehungszeit zwischen 1887 und 1894 komponiert. Mahler war in jenen Jahren zunehmend mit seiner Managementkarriere beschäftigt und hatte nicht viel Zeit, sich der Komposition zu widmen. Lange Zeit war der Autor unschlüssig, ob er dieses Werk als sinfonische Dichtung oder als Sinfonie betrachten sollte. Schließlich wurde es als Mahlers erste Sinfonie bezeichnet. Dieses erste sinfonische Werk bildet zusammen mit dem *Klagenden Lied* und *Eines fahrenden Gesellen* das erste absolute Meisterwerk des österreichischen Künstlers. In der Originalpartitur heißt es: *"Wie ein Naturlaut"*, ein Thema, das auch in der dritten Sinfonie wiederkehren wird. Seine Freundin Bauer-Lechner erinnert sich in ihren Memoiren an weitere Noten, die allen Harmonikern anvertraut wurden, die zu dem Werk gerufen wurden. *Das Funkeln und Glänzen der Luft zu erreichen, das mir immer vorschwebte"*.

Am Ende des ersten Satzes ertönt eine Fanfare (vielleicht ein militärisches Erbe aus den Jglau-Jahren, das Mahler immer im Kopf hatte). Dies ist vielleicht Mahlers erster "Cutaway", der traditionell in vielen seiner anderen Kompositionen wiederholt wird. Eine Art inneres, ängstliches Bedürfnis, die expressive Kontinuität zu unterbrechen, um eine neue zu präsentieren!

Der Name dieser Sinfonie bzw. dieses Gedichts lautet Titan, ein Titel, der einem Roman von Jean Paul, einem der Lieblingsschriftsteller Mahlers, entlehnt ist. Dieser Titel sollte jedoch in späteren Jahren gestrichen werden, da der Komponist mit dem Titel und dem Programm nicht mehr einverstanden war bzw. es als unnötig erachtete: *"...diesmal habe ich beschlossen, auf den Titel und das Programm zu verzichten, nicht nur, weil ich sie für völlig unpassend halte, sondern auch, weil sie nicht einmal angemessen sind..."*.

Das Werk ist in vier Teilen mit einer Gesamtdauer von etwa siebzig Minuten angelegt:

I. *Langsam, schleppend*, gefolgt von dem Andante allegretto der Blumine

II. *Kraftig bewegt, doch nicht zu schnell.*

III. *Feierlich und gemessen, ohne zu schleppen, Trauermarsch*

IV. *Sturmisch bewegt.*

- "Auferstehung" Sinfonie Nr. 2 in c-Moll

"Ich habe den ersten Satz Totenfeier genannt, und wenn Sie es wissen wollen, ist er der Held meiner ersten Symphonie, die ich zu Grabe trage." Gustav Mahler

Die erste der vier großen Mahler-Sinfonien, in denen die Stimme vorkommt, und eine meiner Lieblingssinfonien, die "Auferstehung", hatte eine sehr lange Entstehungszeit. Der erste Satz wurde unmittelbar nach dem Ende der ersten Sinfonie im Jahr 1888 in Auftrag gegeben, die endgültige Fertigstellung erfolgte sechs Jahre später im

▲ Gustav Mahler und Richard Strauss warten auf die Premiere von Salome an der Grazer Oper im Jahr 1906. Man beachte den großen Unterschied in der Statur der beiden Musiker.

Dezember 1894. Es waren arbeitsreiche Jahre als Dirigent, und Mahler hatte nicht viel Zeit zum Komponieren. Nach Budapest im Jahr 1891 wurde er an das Hamburger Theater berufen, das zu dieser Zeit zu den musikalischen Autoritäten der Welt gehörte.

Die Texte der zweiten Sinfonie gehören zu den ersten, die aus dem oft erwähnten Das *Knaben Wunderhorn* stammen, der Sammlung deutscher mittelalterlicher Lieder, die sich im Von-Weber-Haus befindet! Eines dieser

Wenn ein wahres Genie in dieser Welt auftaucht, erkennt man es daran, dass sich die Idioten gegen ihn zusammenrotten.
Jonathan Swift

Rott und Mahler

"Was die Musik mit ihm verloren hat, ist unermesslich: sein Genie erhebt sich schon in seiner ersten Symphonie, die er als junger Mann von zwanzig Jahren schrieb und die ihn - das Wort ist keineswegs stark - zum Begründer der neuen Symphonie macht" - Gustav Mahler, in den Erinnerungen von Nathalie Bauer-Lechner

Die Beziehungen der gegenseitigen Wertschätzung, die Mahler und Rott verbanden, sind wohlbekannt. Rott selbst antwortete bei seiner Einlieferung in die psychiatrische Klinik auf die Frage, ob er noch wisse, wer Mahler sei: *"Gewiss, gewiss, Mahler ist ein Genie!"*

Mahlers Symphonie Nr. 1 oder Rotts Symphonie Nr. 0?

Nach der Wiederentdeckung der Partitur von Rotts E-Dur-Sinfonie stürzte sich ein Teil der internationalen Musikwissenschaft auf die Spur von Mahlers Erstlingswerk, um nach möglichen Schulden bei seinem alten Studienkollegen zu suchen - ein riskantes und vielleicht irreführendes Unterfangen, das zweifellos zu einer Neufassung der Geschichte der Sinfonie in der zweiten Hälfte des 19.
Jahrhunderts führen könnte. Die Reaktion war von Anfang an die revolutionäre, Rott zum "Vater der neuen Symphonie" zu erheben - was Mahler im Übrigen zum Teil selbst anerkannte - und ihm vorzuwerfen, dass er sich Kompositionen seines weniger bekannten Komponistenfreundes aneignete, um sich selbst zu behaupten (sein Versprechen, die Symphonie seines unglücklichen Freundes als Dirigent der Öffentlichkeit vorzustellen, wurde in der Tat nie eingelöst).

In Wirklichkeit weisen sorgfältigere und weniger oberflächliche Analysen beider Werke eindeutig auf das Vorhandensein gegenseitiger musikalischer Einflüsse hin. Und wenn die Frage nach "Einflüssen" gestellt wird, dann kann man auch sagen, dass diese Verbindung nach Ansicht einiger Kritiker von Mahler zumindest bis zur fünften Sinfonie aufrechterhalten wurde. Der Musikwissenschaftler Wolfgang Fuhrmann meinte dazu: *"Rotts Symphonie Nr. Null oder Mahlers Erste?"* Und weiter: *"Zwangsläufig müssen Rott und Mahler einen intimen Austausch musikalischer Ideen gehabt haben"*.

Rotts in E-Dur gesetzte Symphonie hat eine wirklich originelle Klangfülle, aber das Merkmal, das sie heute berüchtigt macht, ist, dass sie in den Ohren der zeitgenössischen Hörer, mehr als ein Jahrhundert später, als eindeutig "Mahler-esk" erscheint.

Mahler wird seinen Freund immer in Hochachtung und Genialität verehren. Er behauptete, Rott habe es nicht geschafft, in den Olymp der musikalischen Größen aufzusteigen, weil er zu früh gestorben sei, als ihm noch die Mittel und Instrumente für einen vollständigen Ausdruck fehlten - was wahr ist.

Mahler hingegen ist derjenige, der es geschafft hat, der selbst für seinen Freund den Gipfel erreicht.

Rotts Neophyten und Partisanen sagen unumwunden, dass Mahler letztlich etliche Ideen Rotts plünderte, thematische, rhythmische, klangliche Stichworte, die er dann in seinen Sinfonien, zumindest bis zur Nummer fünf, umarbeitete und fleißig auftischte. Aber da er ein Genie war, wusste er sie auch zu verbessern.

Neben dem Scherzo seiner ersten Sinfonie finden sich Spuren und Atmosphären von Rottian auch in der zweiten und den drei folgenden Sinfonien.

Im Laufe der Zeit und mit seinem Ableben macht Mahler ihn zu einem immer durchsichtigeren und weniger präsenten Geist. Hätten sie sich im Jahr 1900 in ihren Vierzigern getroffen, wäre Mahler vielleicht von Rott enttäuscht gewesen, und Rott hätte ihn gefragt: *"Was ist aus dir geworden, Gustav?"*.

▲ Gustav Mahler dirigiert ein italienisches Orchester, aufgenommen bei seinem Besuch in Rom.

Lieder, *Des Antonius von Padua Fischpredigt*, wurde fast wortwörtlich als Scherzo der Sinfonie transkribiert, während das Lied '*Urlicht*' zum vierten Satz wurde.

In Hamburg fand Mahler in jenen Jahren auch den berühmten Dirigenten Hans von Bülow. Dieser schätzte Mahlers Dirigat und war einer der wichtigsten Förderer von Mahlers Kunst, hielt aber Mahlers kompositorisches Schaffen gelinde gesagt für nicht besonders interessant. Bei einer Vorführung dieser Werke zeigte sich Bülow sogar verärgert über deren Anhörung. Auch dieser Umstand trug zur Verzögerung der Fertigstellung des Werkes bei, die von Bülow jedoch später beschleunigte. Anlässlich der Totenmesse für den 1894 verstorbenen von Bülow hörte Mahler eine lutherische Ode mit dem Titel *Aufersthen*! Es war das Bindeglied, das letzte Wort. Und es war für Mahler, wie Freuds Schüler Theodor Reik in einem psychoanalytischen Schlüssel argumentierte, eine Art Befreiung von Bülows Ablehnung. Eine Art Symbiose zwischen der Bewunderung für den verstorbenen Meister und seiner Zurückhaltung gegenüber den Werken des Komponisten.

Urlicht

O Röschen rot!
Der Mensch liegt in größter Not!
Der Mensch liegt in größter Pein!
Lieber möcht'ich im Himmel sein.
Da kam ich auf einem breiten Weg;
Da kam ein Engelein und wollt' mich abweisen;
Ach nein! Ich ließ mich nicht abweisen.
Ich bin von Gott und will wieder zu Gott!
Der liebe Gott wird mir ein Lichtchen geben,
Wird leuchten mir bis in das ewig selig Leben!

Mahler wollte den ersten Satz *Totenfeier* nennen und widmete ihn symbolisch dem Helden Titan seiner ersten Sinfonie: "*...Titan ist es, den ich zu Grabe trage, und dessen Leben ich in einem klaren Spiegel, von oben gesehen, betrachte. Und plötzlich stellt sich die Frage: Warum hast du gelebt?*"

Der Mittelteil der Sinfonie ist als Zwischenspiel bis zur Explosion des Finales gedacht, das die im ersten Satz angedeuteten existenziellen Fragen erneut aufwirft.

Nach den Qualen des ersten Satzes und dem fratzenhaften Reigen des Scherzos wird der Mensch, zurückversetzt in die Zeit der Kindheit, endlich von Ungewissheit und Zweifeln befreit: ein erster Lichtstrahl erstrahlt im nächsten Satz. Der berühmte vierte Satz, das *Urlicht* in Des-Dur, schließt praktisch ohne Unterbrechung an den vorhergehenden Satz an; der Text basiert auf dem gleichnamigen Altlied aus der Sammlung *Des Knaben Wunderhorn*. Es bildet das Präludium zum großen Finale. Es hat einen feierlichen und ätherischen Charakter: Mahler wollte, dass die Altistin es singt *"wie ein Kind, das sich einbildet, im Paradies angekommen zu sein"*. Und in der Tat ist dies der Eindruck, den dieses Werk bei mir immer erweckt hat.

Vielleicht ist es nur Beato Angelico (in der Malerei) gelungen, eine so wirkungsvolle Vorstellung davon zu vermitteln, wie es ist, zu sein, zu bewundern oder in den Himmel zu kommen, wie es Mahler (in der Musik) mit seiner Zweiten Symphonie getan hat. Die menschliche Stimme, die hier zum ersten Mal eingesetzt wird, steht im Vordergrund, unterstützt von einer Art zarter Blechbläserfanfare. Themen, die an Mahlers andere große Sinfonie für Chor, Gesang und Orchester, die Nummer 8, erinnern.

Der letzte monumentale Satz, sehr lang (über 37 Minuten), ist von einer mystischen instrumentalen Intensität, die ihren Höhepunkt in der engelsgleichen Intervention des Soprans erreicht, die von einem Tuten der Flöten vorweggenommen wird, die wiederum den Chor vorwegnehmen, der als Vorläufer für die Ankunft der Stimme des Sängers fungiert, die den Stimmumfang des Chors erreicht und übersteigt und uns ein zweites und letztes Mal in den Himmel zurückschickt!

Großartig.

Zumindest das Programm der Sinfonie wirkt heute ein wenig veraltet, ein Kind jener fatalistisch-symbolistischen Idee, die im Europa des späten 19. Jahrhunderts so in Mode war, aber meiner Meinung nach wird es durch das unvergleichliche Pathos, das es dem beteiligten Hörer zu vermitteln vermag, stark aufgewertet.

Unter den zahlreichen Aufführungen dieser großen Sinfonie möchte ich diejenige hervorheben, die Claudio Abbado beim Lucerne Festival mit der Sopranistin Eteri Gvazava und der Mezzosopranistin Anna Larsson dirigierte.

In ihrer endgültigen Form ist die Sinfonie in fünf Sätze unterteilt:

1° *Mit durchaus ernstem und feierlichem Ausdruck*
2° *Sehr gemächlich*
3° *In ruhig fließender Bewegung*
4° *"Urlicht"* - Sehr feierlich, aber Schlicht
5° *Wild herausfahrend. "Aufersteh'n"*

Das letztere Tempo enthält die Hymne "Die Auferstehung" von Friedrich Klopstock.

- Sinfonie Nr. 3 in d-Moll, Das Fest der Natur

Gustav Mahlers Sinfonie Nr. 3 in d-Moll, die zwischen den Sommern 1893 und 1896 komponiert und erst 1902 uraufgeführt wurde, ist mit einer durchschnittlichen Aufführungsdauer von mindestens 95 Minuten die längste je geschriebene Sinfonie. Sie gehört zu den monumentalen Sinfonien, wie die Zweite und Achte.

Die lyrische Zeugin des Ganzen ist seine Freundin Natalie Bauer-Lechner, der Mahler alle seine Eindrücke hinterlässt, nicht ohne eine gewisse Begeisterung. In der Tat ist dies eine der am besten "organisierten" Sinfonien Mahlers. Alles ist hier kodifiziert, streng Schritt für Schritt durchdacht und mit dem legendären Drang nach geduldiger, aber unerbittlicher Perfektion zusammengestellt. Sehr inspiriert, weshalb Steinbach trotz des enormen Umfangs nur zwei Sommer für die Fertigstellung benötigte, obwohl die ersten Entwürfe bereits vier Jahre zuvor entstanden waren.

Diese Sinfonie stellt auch einen deutlichen Bruch mit den ersten beiden Sinfonien dar, die zumindest in ihrem Idealprogramm etwas fatalistisch waren. In ihr erscheint zum ersten Mal die reiche Palette an Farben und szenischen Andeutungen, die Mahler im weiteren Verlauf seines musikalischen Schaffens begleiten sollte.

Die dritte Sinfonie gehört ebenfalls zu den *Wunderhorn-Sinfonien*. In der Tat stammen die Texte der gesungenen Teile aus diesem einzigartigen Evangelium, das Mahler für alle seine frühen Opern und Lieder verwendete.
Die dritte Sinfonie setzt ihr Dasein auf der bereits durch die zweite definierten Linie fort, schließlich verlief die Entstehung zeitgleich und überschnitt sich oft. Die Ähnlichkeiten enden jedoch bei den äußeren, numerischen Daten, gewiss nicht bei der seelischen Essenz der beiden.
Eine Sinfonie, die von mehreren Teilen der Natur bestimmt wird, denn in dieser Tonart gibt Mahler sie wieder. Themen, die das Verhältnis zwischen Mensch und Natur verbinden. Der gebräuchlichste Spitzname ist jedoch der der Symphonie des Liedes vom großen Pan, mit offensichtlichen Nietzsche-Bezügen, auch aufgrund des Textes, der aus dem Werk des deutschen Denkers stammt: *Also sprach Zarathustra*!
"Meine Symphonie wird etwas sein, was die Welt noch nicht gehört hat. Die Natur spricht hier und erzählt Geheimnisse, die so tief sind, dass wir sie vielleicht nur in unseren Träumen darstellen können. Manchmal fühle ich mich richtig unwohl und habe das Gefühl, dass ich nicht derjenige bin, der komponiert: gerade weil ich erreichen kann, was ich will".
Kurzum, ein inspirierter und zufriedener Mahler ist mit seinem Werk so zufrieden, dass er es als in einer Art Traumzustand geboren bezeichnet.
Die Sinfonie ist in sechs Sätze gegliedert:

1° *Pan erwacht. Der Sommer marschiert ein -Kräftig entschieden*. Dieser sehr lange erste Satz dauert etwa 35 Minuten.

2° *Was mir die Blumen auf der Wiese erzählen* . Menuett-Tempo

3° *Was mir die Tiere im Walde erzählen*. Witzig, bequem

4° *Was mir der Mensch erzählt - Sehr langsam*

5° *Was mir die Engel erzählen - Lustig im Tempo und keck im Ausdruck*

6° *Was mir die Liebe erzählt Langsam - Ruhevoll - Empfunden*

- Sinfonie Nr. 4 in G-Dur

Die 4. Sinfonie von Gustav Mahler wurde zwischen den Sommern 1899 und 1900 komponiert. Im Gegensatz zur vorherigen langen und majestätischen Sinfonie ist die Vierte eine der zurückhaltendsten und kürzesten Mahler-Sinfonien. Auch sie gehört zu den gesungenen Sinfonien, aber in diesem Fall ist die Stimme nur im Finale präsent, und zwar durch den Einsatz einer Sopranistin, ohne weitere Stimmen, Chöre usw.
Die Vierte ist auch die erste „Wiener" Sinfonie. Tatsächlich hatte Mahler bereits seit April 1897 die Stelle als Direktor der Hofoper in der österreichischen Hauptstadt inne, die er vom Kaiser Franz Joseph persönlich hartnäckig verteidigt sah. Der Kaiser pflegte zu sagen: *"Nehmt mir alles, aber nicht meinen Direktor an der Staatsoper..."*
In Bezug auf Zahlen ist es auch die letzte Sinfonie des *"Wunderhorn"*-Zyklus, da das Lied, das gesamte letzte Bewegung bildet, *"Das himmlische Leben"*, den idealen Abschluss einer literarischen und musikalischen Leidenschaft darstellt, die hier endet. Die Entstehung dieser Sinfonie ist zumindest anfangs direkt mit dem ursprünglichen Projekt der Dritten verbunden. Diese Sinfonie bestand in ihrem ursprünglichen Entwurf aus sieben Sätzen, von denen der letzte den Titel „Was mir das Kind erzählt" trug. Dieses Lied, das in der Vierten erscheint, war zunächst für die Dritte vorgesehen. Die Vierte wird dann zu einer Art Reflexion über die Themen Tod und Kindheit, jedoch mit ironischen Zügen. Aus diesem Grund, der sie mit der Kindheit verbindet, behält diese Sinfonie einen „spielerischen" Charakter bei. Hier begnügt sich Mahler mit einem „normalen" Orchester und verzichtet auf die prachtvolle Inszenierung, die in den vorherigen Sinfonien vorgesehen war. Also eine „normale" Besetzung, ohne Posaunen und Basstuba, ohne Verdoppelung der Bläser; eine leichtere Orchestrierung, die auch funktional zu einer Musik erscheint, die sich an die barocke Vergangenheit anlehnt, gespielt in Form von Sonate, Rondo, Variation, das finale Lied. Die Vierte Sinfonie nimmt somit einen besonderen Platz in der symphonischen Produktion von Gustav Mahler ein: Einerseits schließt sie den Zyklus der *Wunderhorn-Symphonien* ab, andererseits eröffnet sie einen neuen Stil, persönlicher und intimer und weniger zur Monumentalität neigend.

▲ 1905, Wien, Garten des Moll-Hauses. (19, Wollergasse 10)- Max Reinhardt, Gustav Mahler, Carl Moll, Hans Pfitzner und vermutlich Josef Hoffmann.

Was die in vier Sätzen gehaltene Dimension betrifft, erklärte Mahler der allgegenwärtigen Natalie Bauer-Lechner: „*Eigentlich wollte ich nur eine sinfonische Humoreske schreiben, und es kam die normale Länge einer Sinfonie heraus, während zuvor, wenn ich dachte, eine Sinfonie komponieren zu müssen, ein Werk entstand, das dreimal so lang war, wie es bei der Zweiten und Dritten der Fall war.*"

Die Sinfonie ist in vier Sätze gegliedert:

1° *Bedächtig, Nicht eilen, recht gemächlich* (Molto comodo)

2° *Im gemächlicher Bewegung,* (Con movimento tranquillo)

3° *Ruhevoll* (Calmo)

4° *Sehr behaglich "Das himmlische Leben"* (Molto comodo)

Das himmlische leben La vita celestiale. Testo del lied finale contenuto nella sinfonia.

Wir geniessen die himmlischen Freuden,
D'rum tun wir das Irdische meiden.
Kein weltlich Getümmel
Hört man nicht im Himmel!
Lebt alles in sanftester Ruh'.
Wir führen ein englisches Leben.

Sind dennoch ganz lustig daneben;
Wir tanzen und springen,
Wir hüpfen und singen.
Sankt Peter im Immel sieht zu.

Johannes das Lämmlein auslasset,
Der Metzger Herodes drauf passet.
Wir führen ein geduldigs,
Unschuldig's, geduldigs.
Ein liebliches Lämmlein zu Tod.
Sankt Lukas den Ochsen tät schlachten
Ohn einigs Bedenken und Achten.
Der Wein kost kein Heller
Im himmlischen Keller,
Die Englein, die backen das Brot.

Gut Kräuter von allerhand Arten,
Die wachsen im himmlischen Garten,
Gut Spargel, Fisolen
Und was wir nur wollen,
Ganze Schüsseln voll sind uns bereit!
Gut Äpfel, gut Birn und gut Trauben;

Die Gärtner, die alles erlauben.
Willst Rehbock, willst Hasen?
Auf offener Straßen
Sie laufen herbei!
Sollt' ein Fasttag etwa kommen,
Alle Fische gleich mit Freuden angesckwommen!
Dort läuft schon Sankt Peter
Mit Netz und mit Köder
Zum himmlischen Weiher hinein.
Sankt Martha die Köchin muß sein.

Kein Musik ist ja nicht auf Erden,
Die unsrer verglichen kann werden,
Elftausend Jungfrauen
Zu tanzen sich trauen.
Sankt Ursula selbst dazu lacht.
Cäcilia mit ihren Verwandten
Sind treffliche Hofmusikanten!
Die englischen Stimmen
Ermuntern die Sinnen,
Dass alles für Freuden erwacht.

Rückert-Lieder sind fünf Lieder für Singstimme und Klavier oder Orchester, 1901-1902

Meiner bescheidenen Meinung nach sind diese Lieder absolute Meisterwerke. Zusammen mit *"Das Lied von der Erde"* stellen sie eine erstaunliche, dichte, umfassende, sehr gebildete und raffinierte Sammlung von Liedern dar. An der Spitze steht *"Ich bin der Welt abhanden gekommen"*, ein Lied, das in gewisser Weise dem Adagietto der fünften Sinfonie aus dieser Zeit Tribut zollt. Mahler verwendete dafür die Texte von Rückert.

1° *Blicke mir nicht in die Lieder Sehr lebhaft* molto vivace (F-dur)

2° *Ich atmet' einen linden Duft Sehr zart und innig* (D-dur)

3° *Ich bin der Welt abhanden gekommen Äußerst langsam und zurückhaltend* lento (F-dur)

4° *Um mitternacht Ruhig, gleichmäßig* Tranquillo

5° *Liebst du um Schoenheit Innig* sincero

Liebst du um Schoenheit

Liebst du um Schönheit? O nicht mich liebe!
Liebe die Sonne, sie trägt ein goldenes Haar!
Liebst du um Jugend? O nicht mich liebe!
Liebe den Frühling, der jung ist jedes Jahr!
Liebst du um Schätze? O nicht mich liebe!
Liebe die Meerfrau, sie hat viel Perlen klar!
Liebst du um Liebe? O ja, mich liebe!
Liebe mich immer, dich lieb'ich immerdar!

▲ 1905, Wien, Garten von Casa Moll. Ein anderes Bild wie das vorherige, das den lebhaften kulturellen Kreis darstellt, zu dem wir im Felix Österreich des frühen 20. Jahrhunderts gesehen haben.

► Ein signierter Brief von Gustav Mahler mit einem typischen neurotischen Schreiben

Musik m... ihm zu... ab-
gefordert wird, dem dass nicht [...]
Ich hoffe, Sie ... aus Ihren Worten,
dass gerade Sie das begreifen, und
Jeder aus dem Nahen meiner Musik
fremd, welche aus sich allein, und
ihnen innern — weder in Bildern noch
durch "Erläuterungen" [durchgestrichen] —
Bedingungen erfasst werden will.
Mögen Sie mir, lieber Herr Schuster,
ein solcher werden! Ich weiss nicht,
ob Sie schon (früher) in der Lage waren, von
meinem Schaffen Notiz zu nehmen.
Es liegen ein Reihe meiner Parti-
turen vor, die ich Ihnen, wenn Sie es
wünschen, gerne zusenden werde.
Für heute nur nochmals den tief-
gefühlten Dank und noch ganz
Unverstandenen! (zu noch ärger:
Missverstandenen)
            Ihr sehr ergebener
                Gustav Mahler

Wer war Fiderick Ruckert

Friedrich Rückert (1788–1866) war ein spätromantischer Dichter, Übersetzer, Gelehrter und Professor für orientalische Sprachen. Sein Einfluss wurde vor allem in der Musik spürbar. Viele der größten Komponisten des deutschsprachigen Raums waren von Rückert fasziniert und wählten seine Verse für ihre Vertonungen: Schubert, Robert und Clara Schumann, Brahms, Loewe, Mahler (*Kindertotenlieder* und 5 *Rückert-Lieder* für Stimme und Orchester), Richard Strauss, Zemlinsky, Hindemith, Bartók, Berg, Hugo Wolf und Heinrich Kaspar Schmid. Insgesamt gibt es etwa 121 Kompositionen, und in diesem speziellen Genre der Lieder wird er nur von Goethe, Heine und Rilke übertroffen.

Die Sammlung der Fünf Lieder nach Gedichten von Rückert wurde zwischen 1901 und 1904 komponiert und 1905 veröffentlicht, also in den gleichen Jahren wie die Fünfte und Sechste Symphonie und die *Kindertotenlieder*, ebenfalls auf Texte von Rückert. Das erste, dritte und vierte Lied wurden im Sommer 1901 geschrieben, zeitgleich mit den ersten drei *Kindertotenliedern*; das zweite Lied wurde 1903 für seine Frau komponiert, und schließlich das fünfte im Jahr 1904. In diesen Liedern klingt eine melancholische und dämmernde Lebenssicht durch, die besonders in den frühen Jahren des zwanzigsten Jahrhunderts sehr in Mode war.

Bei Aufführungen dieser Sammlung ist es üblich, keine festen Reihenfolgen einzuhalten, da Mahler selbst keine genauen Angaben zur Reihenfolge der fünf Lieder nach Rückert gemacht hat, im Gegensatz zu den *Kindertotenliedern*. Es hängt im Wesentlichen von der Wahl des Sängers ab, der entweder ein Sopran oder ein Bariton sein kann. Persönlich bevorzuge ich die Sopranversion und empfehle speziell die Aufführung der Mezzosopranistin Magdalena Kožená unter der Leitung von Abbado.

- Sinfonie Nr. 5 in C-moll

"Ich atmete einen linden Duft! Es war ein Zweig von Linden in der Kammer, Geschenk einer geliebten Hand...."

Die Sinfonie Nr. 5 in c-Moll von Gustav Mahler wurde zwischen 1901 und 1902 in Maiernigg in Kärnten, in der berühmten Villa am See, genauer gesagt in der darüber liegenden Hütte, die in den Wäldern liegt, komponiert und besteht aus fünf Sätzen. Die ersten

▲▼ Zwei Bilder von Mahler als Kind. Oben im Jahr 1889 ist er mit seinem Bruder Otto, der später im Alter von einundzwanzig Jahren Selbstmord begehen wird. Unten Gustav im Alter von etwa 8/9 Jahren.

► Karikatur von Mahler. Die übersetzte Bildunterschrift lautet: *Warum müssen wir diese hohen Gehälter zahlen?*

beiden Sätze bilden Teil I, das lange zentrale Scherzo ist Teil II, während zu Teil III die beiden letzten Sätze gehören. Es ist vielleicht die bekannteste Sinfonie von Mahler und sicherlich eine der am häufigsten gespielten. Einige Passagen, wie das berühmte Adagietto, stellen die Quintessenz der Mahler'schen Musik dar. Unter den Mahler-Sinfonien ist sie meine Lieblingssinfonie, zusammen mit der Zweiten, dem ersten Satz der Neunten und dem Andante der Sechsten. Nach dieser persönlichen Abschweifung kehren wir zur Analyse des Werks zurück.

Die Sinfonie wurde auch durch den Regisseur Luchino Visconti berühmt, der sie passend in sein Meisterwerk "Tod in Venedig" einfügte, wo nicht nur die Musik, sondern auch der Protagonist eine eindrucksvolle Anspielung auf den österreichischen Musiker war. Sie ist in c-Moll definiert, besteht aber aus verschiedenen Tonarten, die von Mahler selbst aufgrund der Unterschiedlichkeit jedes einzelnen Satzes spezifiziert wurden. Der erste ist nämlich in cis-Moll, der zweite in a-Moll, der dritte in D-Dur, der vierte in F-Dur und der fünfte in D-Dur.

Die Fünfte Sinfonie, äußerst originell und raffiniert, wird, wie Mahler selbst es bei mehreren Gelegenheiten sagte, als „eine Art von Tragödie, die vom Orchester vorgetragen wird" verstanden. Und wie die Erste Sinfonie das Drama des Titanen ist, der kämpft und stirbt, so erfindet die Fünfte einen außergewöhnlichen Weg durch die Wüste. Wie schon bei anderen Gelegenheiten ist die Eröffnung einer düsteren Trauermarsch anvertraut, der mehr als Prolog denn als erster Satz vorgestellt wird, eine Rolle, die stattdessen dem zweiten Satz zukommt, der eine Art Allegro in Sonatenform ist.

Die Beobachtung von Adorno zu diesem Satz, die ihn an die Form des Romans erinnert, im Sinne, dass er neue Themen einführt, bereits verwendete Themen ausarbeitet, aber so „überarbeitet", dass sie neu erscheinen.

Der zweite Teil besteht aus den anderen drei Sätzen. Scherzo der dritte und Rondo der vierte, sprudelnd, lebendig, sehr genussvoll zu hören, und dazwischen jenes absolute Meisterwerk, das Adagietto, das im Laufe der Zeit zu einer Art repräsentativer Unterschrift des großen Komponisten geworden ist.

Der dritte Satz, das Scherzo in D-Dur, stellt die höchste Steigerung der Mahler'schen Polyphonie dar, gekennzeichnet durch Bewegungen in Form von Wiener Walzern, die sich perfekt ineinanderfügen. Der vierte Satz, das Adagietto, ist, wie bereits erwähnt, die berühmteste der Mahler'schen Seiten.

Wir stehen vor einer mystischen lyrischen Oase, einem äußerst zarten und inspirierten Stück, sehr bewegend, nur den Streichern und der Harfe anvertraut. Thematisch bezieht es sich auf ein kurz zuvor entstandenes Werk, nämlich das Lied *"Ich bin der Welt abhanden gekommen"*, das dritte der Rückert-Lieder. Dieser wunderschöne vierte Satz versetzt den Zuhörer in eine fast traumhafte, ätherische und durchscheinende Dimension. Ein Zauber!

"Ich bin der Welt abhanden gekommen"

Ich bin der Welt abhanden gekommen
Mit der ich sonst viele Zeit verdorben,
Sie hat so lange nichts von mir vernommen,
Sie mag wohl glauben ich sei gestorben!
Es ist mir auch gar nichts daran gelegen,
Ob sie mich für gestorben hält.
Ich kann auch gar nichts sagen dagegen,
Den wirklich bin ich gestorben der Welt.
Ich bin gestorben dem Weltgetümmel
Und ruh'in einem stillen Gebiet!
Ich leb allein in meinem Himmel
In meinem Lieben in meinem Lied.

▼ Holland 1909 Gustav Mahler, umgeben von niederländischen Kollegen in den Royal Concertgebouw -Büros in Amsterdam.

Schließlich wird die fünfte Bewegung (Rondò-Finale. Allegro) die Energie des dritten nach der himmlischen Suspendierung der Bewegung wieder auferlegt.

    1. Trauermatch: In Gemessenem Schritt. Stang. Wie ein Kondukt. (lento)

    2. Stürmisch Bewegt, Mit Größter Vehemenz

    3. Witz. Kräftig, Nick Zu Schnell.

    4. Zimmer. Sehr Langsam (Adagietto. Sehr langsam)

    5. Rondo-Finale. Allegro (Rondo-Finale. Allegro).

Kindertotenlieder für Gesang und Orchester nach Texten von Friedrich Rückert

1° *Nun will die Sonn' so hell aufgeh'n - Langsam und schwermütig; nicht schleppend* (D moll)

2° *Nun seh' ich wohl, warum so dunkle Flammen - Ruhig, nicht schleppend* (C moll) Tranquillo.

3° *Wenn dein Mutterlein - Schwer, dumpf* (C moll) .

4° *Oft denk' ich, sie sind nur ausgegangen - Ruhig bewegt, ohne zu eilen* (ES moll) tranquillo

5° *In diesem Wetter - Mit ruhelos schmerzvollem Ausdruck* (D moll).

Im Jahr 1901 ereignen sich einige wichtige Dinge im Leben von Mahler, zunächst eine schwere Krankheitsperiode im Februar, verursacht durch eine Blutung, und eine Genesungsphase im März, während der er die Vierte Sinfonie beendet. Im November tritt die junge Alma Schindler auf die Bühne, die im März 1902 seine Frau wird. Im musikalischen Bereich bahnt sich die neue Fünfte Sinfonie an, diesmal losgelöst von den Liedern. Damit gehen die Texte von Arnim und Brentano aus Des Knaben Wunderhorn, treue Begleiter Mahlers in seinem ersten Schaffensabschnitt, in den Ruhestand.

In diesem Kontext reift die Idee der fünf *Kindertotenlieder* (nach Texten von Rückert).

Sie wurden zwischen Juni 1901 (die ersten drei) und dem Sommer 1904 (die letzten beiden) geschrieben. Mahler komponierte sie sechs Jahre bevor ihn das Unglück traf, als seine vierjährige Tochter Maria starb. Aber Alma interpretierte sie immer als einen Fluch und vergab ihrem Mann dies nie.

Nachdem Mahler die „natürliche" Welt des *Wunderhorns* verlassen hatte, wollte er sich vom tröstenden Reich der Volksmärchen entfernen und sich auch von den "Geräuschen der Welt" fernhalten, wie er es durch die Verse des Liedes *"Ich bin der Welt abhanden gekommen"*, sein musikalisches Selbstporträt, das er im August 1901 schrieb, andeuten wollte.

In diesen Liedern erreichen Pessimismus und Fatalismus kosmische Höhen, die keinen Raum für Freude und Erlösung lassen. Auch der scheinbaren Unschuld des kindlichen Lebens, die als Illusion von Glück, als absoluter Leere erlebt wird, wird keine Schonung gewährt. Die fünf Lieder leben daher von einem unheimlichen, unwirklichen Licht und diesem Gefühl der Leere, der Zeitentzug. Einige haben in dieser Sammlung eine ästhetische Verbindung zum Zeitgeschmack gesehen – eine Art funebrer *Jugendstil* im Ablauf von "zerbrochenen und unwirklichen" Bildern, in denen die Dekoration selbst zur tragenden Linie geworden ist.

Oft denk' ich, sie sind nur ausgegangen

Oft denk' ich, sie sind nur ausgegangen!
Bald werden sie wieder nach Hause gelangen!
Der Tag ist schön! O sei nicht bang!
Sie machen nur einen weiten Gang.

Ja wohl, sie sind nur ausgegangen
Und werden jetzt nach Hause gelangen.
O sei nicht bang, der Tag ist schön!
Sie machen nur den Gang zu jenen Höhn!

Sie sind uns nur vorausgegangen
Und werden nicht wieder nach Haus gelangen!
Wir holen sie ein auf jenen Höhn
Im Sonnenschein! Der Tag ist schön
Auf jenen Höhn.

Sinfonie Nr. 6 in a-Moll, die Tragica

Gustav Mahlers 6. Sinfonie wurde in den Sommern zwischen 1903 und 1904 komponiert und 1905 fertig instrumentiert. Die Uraufführung fand am 27. Mai 1906 in Essen statt, dirigiert vom Komponisten selbst. Im Jahr 1906 wurde sie überarbeitet und veröffentlicht. Die etwa 80-minütige Sinfonie ist gemeinhin als Tragica bekannt (ein Titel, von dem allerdings nicht klar ist, ob er von Mahler stammt). Der Grund für diese Bezeichnung liegt jedoch in der Anerkennung des negativen Charakters der Sinfonie. Sie ist seiner Frau gewidmet und enthält auch ein bestimmtes Stück, das als Alma-Thema bekannt ist, weil Mahler selbst sagte, er habe versucht, den Charakter seiner Frau Alma, die er als repräsentativ für seine Persönlichkeit ansah, darin zusammenzufassen.

Ihre vier Tempi weisen eine für den Komponisten ungewöhnliche tonale Einheit auf: Nicht weniger als drei von vier Sätzen stehen in der Tonart des Werks. "Sie ist auch die einzige Mahler-Symphonie, die mit einem Satz in einer Moll-Tonart endet (alle anderen Symphonien, selbst die dramatischsten, haben ein positives Finale, wie die Erste oder Fünfte, oder zumindest ein heiteres, wie die *Wunderhorn-Symphonien* oder die Neunte).

Die Sechste gehört auch zu den Sinfonien, die als Hammer-Sinfonien bekannt sind, und zwar wegen der Einfügung jener Hammerschläge, die wie tödliche Schicksalsschläge auf den Helden niedergehen und sein Ende markieren. Die Einfügung diente dem Autor vielleicht bei seiner schwierigen Suche nach einem formalen Gleichgewicht angesichts einer Symphonie, die durch eine nicht ganz klare Musik voller rhetorischer Überschwänglichkeit gekennzeichnet ist.

Der Komponist selbst äußerte sich dazu wie folgt: *Meine Sechste wird Rätsel aufgeben, deren Lösung nur von einer Generation versucht werden kann, die sich meine ersten fünf Symphonien angeeignet und zu eigen gemacht hat.*

Die Sinfonie ist, wie bereits erwähnt, in vier Sätze gegliedert, doch die Reihenfolge, in der sie heute erscheinen, ist Gegenstand einiger Auseinandersetzungen gewesen.

Bei der Uraufführung stand das Scherzo an der zweiten Stelle (der heutigen), vor dem Andante. Später änderte Mahler seine Meinung und vertauschte die beiden Sätze.

Im Jahr 1907 gab es jedoch eine neue Programmänderung, und Mahler stellte die erste Indikation wieder her, die auch heute noch am häufigsten von Dirigenten vorgeschlagen wird.

Alban Berg, einer der bekanntesten Schüler und Neophyten Mahlers, sagte über diese Sinfonie, sie sei *die einzige Sechste, trotz Beethovens Pastorale.*

Dies ist die endgültige Liste der Bewegungen:

    1° *Heftig, aber markig* Allegro energico, ma non troppo

    2° *Wuchtig*, Pesante Scherzo

    3° Andante moderato 4/4

    4° Finale (Allegro moderato, reduziertes Tempo)

Mein Lieblingssatz ist nach wie vor der dritte Satz, ein Andante moderato in Es-Dur, das mit sehr gedämpften Nuancen vorgetragen wird und bei dem die Streicher immer noch im Vordergrund stehen. Die Orchestrierung scheint unaufhörlich zu fließen, ausgehend von einer Einleitung mit einer zehntaktigen Phrasierung, die an das Pathos einer fast geflüsterten Elegie erinnert.

Das zweite Thema wird vom Englischhorn vorgetragen, das der Melodie eine fast pastorale Qualität verleiht, allerdings mit raueren Akzenten und weniger Zwielicht. Die beiden Harfen sind dann unglaublich wirkungsvoll und schaffen es, die dramatische Atmosphäre des ersten Satzes zu unterbrechen, indem sie sich in einer zarten, ziselierten Arbeit ergießen, die manchmal an das ergreifende Adagietto der fünften Symphonie zu erinnern scheint.

▲ Eine andere Karikatur, die Mahler gewidmet ist, oft das Ziel von Kritikoren und Satirikalen der Zeit. Dies ist der sechsten Symphonie gewidmet.
Die übersetzte Bildunterschrift lautet: Meine Güte, ich habe das Horn vergessen! Jetzt kann ich die Symphonie nicht mehr schreiben …

► Die Unglücke im Hause Mahler trafen nicht nur die Kinder, wie im Fall der meisten Brüder von Mahler oder dem Tod seiner Tochter, die in gewisser Weise in der Sammlung der Kindertotenlieder erinnert werden.
Die Tatsache, Juden zu sein, verfolgte ihr Schicksal in den schrecklichen Jahren des Nazismus.
Davon wurde die Nichte Alma Rosé (1906–1944), Tochter von Justine Mahler und damit Nichte von Gustav, ein Opfer.
Als begabte Violinistin wurde sie von den Nazis in das Konzentrationslager Auschwitz-Birkenau deportiert.
Hier dirigierte sie zehn lange Monate ein Orchester von Häftlingen unter der schrecklichen Erpressung, jederzeit umgebracht zu werden.
Rosé starb nämlich im Konzentrationslager an einer plötzlichen Krankheit, möglicherweise verursacht durch eine Lebensmittelvergiftung.

Symphonie Nr. 7 in E-Moll

Gustav Mahlers Symphonie Nr. 7 in e-Moll wurde zwischen 1904 und 1906 komponiert und besteht aus fünf Sätzen. Eine der Besonderheiten dieser Sinfonie ist die beispiellose Verwendung einiger kurioser Instrumente wie Gitarre, Mandoline, Baritonhorn und Kuhglocke.
Die Uraufführung der Siebten fand am 19. September 1908 in Prag statt, anlässlich der Jubiläumsfeierlichkeiten von Kaiser Franz Joseph.
Die Siebte ist eine der schwierigsten und komplexesten von Mahlers neun Sinfonien, wie der Komponist selbst sagte, der an ihr "in einem Wutanfall" - wie seine Frau Alma es ausdrückte - im Sommer 1905 und in fast absoluter Isolation arbeitete. Die Siebte hat ihre großen Bewunderer, und für viele von ihnen ist diese Sinfonie die beste. Einigen Analytikern zufolge steckt in ihr auch der Keim der zukünftigen Dodekaphonie, obwohl mir dies angesichts der großen melodischen Masse, die sie enthält, eine riskante Gegenüberstellung zu sein scheint.
Von ihrer Uraufführung an war die Symphonie ein mittelmäßiger Erfolg beim Publikum, erregte aber in Musikerkreisen großes Interesse. Aus diesem Grund ist sie zusammen mit der Oktave (letztere aus anderen Gründen) das am wenigsten aufgeführte Werk im Repertoire.
Insbesondere die Dodekaphonisten Schˆnberg und Berg aeusserten sich positiv zu der gewaltigen Komposition (sie dauert ueber 90 Minuten), wobei sie vor allem bestimmte harmonische Erfindungen und orchestrale Mischungen von ausserordentlichem Ausdruckswert hervorhoben.
Das Orchester von Mahlers Siebter ist voller Ideen, sogar neuer Vorschläge und Farben, die geeignet sind, psychologische und beschreibende Situationen zu betonen, wobei das innere Programm berücksichtigt wird, das Mahler

▲ Gustav Mahler mit einem merkwürdigen weißen Hut und seinem Freund und Neophyten Bruno Walter in Prag am 19. September 1908. Anlässlich der Ausführung der siebten Symphonie des Komponisten des Komponisten des Komponisten.

mit seiner Musik anstrebte, weit entfernt von jeder präzisen illustrativen Absicht. Zweifellos ein intimes und intellektuelles Werk, eine Art Alter Ego mit dem humorvollen und leichten Charakter der Vierten.

Die fünf Tempi der Sinfonie

1° *Langsam* (Adagio). *Nicht schleppen* - Allegro
2° *Nachtmusik* Allegro moderato
3° Scherzo. *Schattenhaft* - Trio
4° *Nachtmusik*. Andante amoroso
5° Rondo-Finale. Temp I (Allegro ordinario) - Temp II (Allegro moderato)

Aus maßgeblichen Quellen erfahren wir, dass Mahler sich gerne über das abschließende Rondo lustig machte, eines der kuriosesten und zugleich raffiniertesten Tempi der gesamten Sinfonie, das als Widerspruch gedacht war, ein Vorwand, bei dem Mahler sogar so weit ging, die Wagnerschen Maestri cantori di Nimberga zu zitieren.
Der Musiker deutete den kühnen Charakter seines Rondos mit einem typisch österreichischen Spruch an: ŃWas kostetí die Welt! Die ŃWeltì stand für das, was ihn tagtäglich bedrückte, für die erbitterten Kämpfe seiner Fans und seiner Verleumder an der Wiener Oper, mit ihren Miseren, Gemeinheiten, Missverständnissen, die ihm immer engere Verpflichtungen abverlangten, um auch als Komponist überleben zu können.
In der Natur (ein Thema, das bereits in der Dritten enthalten war), in ihrem Gegenteil, hatte Mahler die Freiheit, die Reinheit, sein wahres Leben als Schöpfer erkannt: auf die Erde geschickt, nicht um zu komponieren, sondern um von den Stimmen der Natur komponiert zu werden, hatte er dort die Grenzen der Spontaneität gesetzt. Jenseits der Welt. Vier Fünftel der Siebten Symphonie sind ein tragischer, ergreifender und brutaler Abschied von der Natur; das Schlussrondo ist der Welt gewidmet.

Symphonie Nr. 8 in Es-Dur, bekannt als Symphonie der Tausend.

Die Sinfonie Nr. 8, die majestätischste von Mahlers Sinfonien, wird wegen der großen Zahl der für ihre Aufführung erforderlichen Orchester und gemischten Chöre auch "Sinfonie der Tausend" genannt. Bei der ersten Aufführung dirigierte der Komponist 858 Chormitglieder und 171 Orchesterspieler.

Die Symphonie wurde zwischen 1906 und 1907 in Maiernigg komponiert. Das gesamte Werk, das aus zwei Teilen besteht, wurde in einem einzigen Geistesblitz in der Hütte oberhalb der Villa des Komponisten am Wˆrthersee in Kärnten komponiert. Es war auch das letzte Werk, das hier komponiert wurde, denn nach dem Tod ihrer ältesten Tochter Maria Anna, genannt Putzie, die hier gestorben war, beschloss die Familie Mahler, das Haus zu verlassen, das nun zu sehr mit diesem schrecklichen Trauerfall verbunden war. Von nun an wurde Toblach Mahlers neuer (und letzter) Kompositionsort, wo (wiederum in einer in den Wald gebauten Holzhütte) Die *Lied von der Erde*, die neunte und zehnte Sinfonie bzw. ein Teil der zehnten, die eigentlich eine unvollendete Sinfonie ist, entstehen sollten. Wie die drei vorangegangenen Sinfonien war auch die achte seiner Frau Alma gewidmet.

Wie schon bei der 7. Sinfonie erwähnt, wurde die Oktave auch wegen ihres kostspieligen Einsatzes nur sehr wenig aufgeführt, erst in den letzten Jahren erleben wir ein beachtliches Revival, das viele Aufnahmen für Mahlers gesungene Sinfonien mit majestätischem Charakter wie die Zweite und eben die Oktave wieder aufleben lässt.

Der Aufbau der Sinfonie ist besonders untypisch: Sie ist nicht wie üblich in vier oder fünf Sätze gegliedert, sondern besteht aus zwei Teilen, die durch gemeinsame Themen und das Thema der Erlösung durch die Liebe verbunden sind.

Teil I auf Latein: *Veni, creator spiritus*. Dieser erste Teil basiert auf dem Text eines frühmittelalterlichen Pfingsthymnus.

Teil II auf Deutsch: *Schlussszene aus Goethes Faustî*.

Was Mahler über seine Achte Symphonie dachte

So etwas habe ich noch nie geschrieben, inhaltlich und stilistisch, dieses neue Werk ist etwas ganz anderes als meine anderen Werke, und es ist sicher das Größte, was ich je gemacht habe, vielleicht habe ich noch nie unter einem solchen Zwang gearbeitet, es war wie eine Blitzvision: plötzlich war alles vor meinen Augen und ich musste es einfach zu Papier bringen, als ob es mir diktiert worden wäre... Diese achte Symphonie ist schon deshalb etwas Besonderes, weil sie zwei poetische Texte in verschiedenen Sprachen miteinander verbindet, wobei der erste Teil eine lateinische Hymne ist und der zweite Teil nichts anderes als die Schlussszene des zweiten Faust. Ist das ein Wunder? Ich wollte schon lange diese Szene der Ankeriten und die Schlussszene mit der Mater gloriosa komponieren, und zwar anders als alle anderen, die sie so süßlich und schwach vertont haben; aber bis jetzt hatte ich nicht daran gedacht.

Kürzlich fiel mir zufällig ein altes Buch in die Hände, und ich schlug es bei dem Hymnus Venì, creator spiritus auf, und plötzlich lag alles vor mir: nicht nur das erste Thema, sondern die gesamte erste Hälfte, und als Antwort konnte ich nichts Schöneres finden als die Worte Goethes in der Szene der Ankerleute!

Aber auch in der Form ist die Achte etwas völlig Neues: Können Sie sich eine von Anfang bis Ende gesungene Symphonie vorstellen? Bisher habe ich immer nur das Wort und die menschliche Stimme als synthetischen Ausdrucksfaktor benutzt, um mit der prägnanten Präzision, die nur dem Wort möglich ist, auszudrücken, was rein symphonisch nur mit enormer Weite ausgedrückt werden müsste.

Aber hier ist die menschliche Stimme zugleich ein Instrument; die gesamte erste Hälfte ist streng symphonisch angelegt und wird doch vollständig gesungen. Und doch ist es wirklich seltsam, dass bisher niemand auf diese Idee gekommen ist - es ist das Ei des Kolumbus: die Symphonie selbst, in der das schönste Instrument, das es gibt, seine Bestimmung findet - und zwar nicht nur als Klang, denn die menschliche Stimme ist auch Trägerin des poetischen Gedankens.ì

Alle von Mahler komponierten Sinfonien, keine ausgenommen, erinnern im Charakter oder in der Gattung des Kopfsatzes an die vorangegangene; in dieser Hinsicht hat jede ihren eigenen Charakter. Dies gilt umso mehr für die Oktave, die in der Tat ziemlich einzigartig ist.

Tatsächlich werden wir zu Beginn der Achten Symphonie Zeuge der plötzlichen Explosion eines großen Gebrülls, das von einem kolossalen, majestätischen und vielfältigen Ensemble aus Chor- und Orchestermassen erzeugt wird, die uns mit dem Angriff zuerst der Orgel und dann der Phrasen des *Veni Creator Spiritus*! eine einzigartige und erhabene Erfahrung bieten.

Eine indirekte Bestätigung für den überwältigenden und ungestümen Impuls dieses ersten Schaffensschubes liefert Alma selbst, die die Ereignisse jenes Sommers am See wie folgt beschreibt: *ÑNach unserer Ankunft in Maiernigg gab es, wie jedes Jahr, die üblichen zwei Wochen, in denen er von einem Mangel an Inspiration besessen war; dann, eines Morgens, als er die Schwelle seines Ateliers im Wald überschritt, kam ihm plötzlich das Veni, creator spiritus in den Sinn. Schnell komponierte und notierte er den gesamten Eingangschor auf so vielen Textfragmenten, wie er sich erinnern konnte. Aber die Worte und die Musik passten nicht zusammen: Die Musik überwältigte den Text. In fieberhafter Aufregung telegrafierte er nach Wien und ließ sich den gesamten Text des alten lateinischen Psalms zuschicken. Der vollständige Text stimmte perfekt mit der Musik überein: Intuitiv hatte er die Musik für jede Strophe des Psalms komponiert.*

Das Problem, das einige Kritiker sahen, war, wenn überhaupt, die Verbindung zwischen dem *Veni, creator spiritus* und dem *Chorus mysticus* aus Faust, noch dazu in zwei verschiedenen Sprachen, Latein und Deutsch (Mahler liebte offensichtlich Schwierigkeiten und extreme Herausforderungen). Dennoch finden sie (die beiden Texte) Anhaltspunkte und Wege, sich in Goethes rationalistischer Vision wiederzuerkennen. Sie entdecken schließlich eine ähnliche philosophische Logik.

Die Uraufführung der Achten Symphonie oder Symphonie der Tausend wurde vom Komponisten selbst dirigiert

▲ Großartiges Gruppenfoto anlässlich der Ausführung von Mahlers achter Symphonie eines Jahres seit dem Tod des großen Komponisten in. Unter den anderen Alexander von Zemlinsky (erste Reihe, zweiter von links), Arnold Schönberg, Dritter von links und Franz Schreker Vierter von links, zusammen mit vielen Mitgliedern des Wiener Philharmonic Choir.

und fand am 12. September 1910 in der neuen Konzerthalle im Ausstellungspark der Stadt statt.

Es war ein noch nie dagewesenes Ereignis und mit keiner anderen Mahler-Premiere zu vergleichen. Bruno Walter, der anwesend war, bezeugte Mahlers große Euphorie, als er auf die Bühne zum Kinderchor eilte und, die einzelnen Reihen entlanggehend, jedes der ihm entgegengestreckten Händchen ergriff. Natürlich war auch die Widmungsträgerin Alma anwesend, die von der Episode erzählte: *"Die Vorfreude ganz Münchens und derer, die von außerhalb gekommen waren, um dieser Premiere beizuwohnen, war enorm. Schon die Generalprobe hatte alle in Verzückung versetzt. Doch bei der Aufführung überstieg die Begeisterung alle Grenzen. Als Mahler auf dem Podium erschien, erhob sich das gesamte Publikum. Eine vollkommene Stille. Es war die bewegendste Hommage, die je einem Künstler erwiesen wurde. Ich stand auf der Bühne und war kurz davor, vor Rührung in Ohnmacht zu fallen.*

In dieser Symphonie bezwingt Mahler, zu übermenschlichen Höhen aufgestiegen, gewaltige Massen und verwandelt sie in Quellen des Lichts. Es war ein unbeschreibliches Erlebnis, ebenso unbeschreiblich war der Erfolg, der sich anschloss: Alle stürzten sich auf Mahler. Danach verbrachten wir einen fröhlichen und friedlichen Abend, an dem Mahler von allen bejubelt und beglückwünscht wurde.... Schließlich unterhielten wir uns noch bis zum Morgen mit Gucki (Anna, der zweiten Tochter der Mahlers), unserem lieben kleinen Mädchen, das neben uns schlief."

Mahler bezeichnete die Achte Symphonie als sein größtes Werk oder sogar als Geschenk an die Nation. Diese Äußerungen sind manchmal als Hinweise auf einen latenten Nationalismus oder Kulturimperialismus missverstanden worden, was nicht zu dem passt, was wir über seine Persönlichkeit und seine sozialistischen Sympathien in der Politik wissen. Die wichtigste schöpferische Essenz liegt jedoch in dem analysierten Paar, von dem ich nicht weiß, wie bewusst es die Beziehung zwischen schöpferischem Geist und Eros durchdacht hat. Ein in jenen Freud'schen Jahren unerhörter Gedanke, den Mahler in der ihm eigenen Art und Weise umsetzt, indem er im musikalischen Erhabenen von der grundsätzlichen Beziehung zwischen Kreativität und Sexualität spricht, wobei die Sexualität schließlich als Quelle der Kreativität erkannt wird. Die Achte Symphonie mit ihrer ungestümen Prozession verkündet großartig und entschlossen, dass der Eros - in Mahlers eigenen Worten - *der wahre Schöpfer der Welt* ist.

Sinfonie Nr. 9 in D-Dur

Im Herbst 1912 schrieb Alban Berg an seine Frau: Ñ*Ich habe Mahlers Neunte wieder gespielt. Der erste Satz ist das Herrlichste, was Mahler geschrieben hat.* "*Er ist der Ausdruck einer unerhörten Liebe zu dieser Erde, der Sehnsucht, mit der Natur in Frieden zu leben und sie in ihrer ganzen Tiefe genießen zu können, bevor der Tod kommt. Denn er kommt unaufhaltsam. Die ganze Bewegung ist von der Vorahnung des Todes durchdrungen. Er taucht immer wieder auf. Jeder irdische Traum gipfelt darin (daher die immer neue Erregung, die nach den zartesten Schritten ungestüm wird), am höchsten natürlich in jenem unglaublichen Schritt, in dem die Vorahnung des Todes zur Gewissheit wird, in dem sich der Tod selbst mit unerhörter Wucht mitten in der tiefsten und schmerzlichsten Lebensfreude ankündigt. Und dann das schwermütige Geigen- und Bratschensolo und die soldatischen Klänge: der Tod im Harnisch! Gegen all dies gibt es keinen Widerstand mehr! Was noch übrig bleibt, erscheint mir wie Resignation. Immer mit dem Gedanken an das Jenseits, das sich gerade in jenem Ñmysteriösenñ Schritt manifestiert, ähnlich der dünnen Luft - noch höher als die Berge - ja, wie im Raum, der immer dünner wird (Äther). Und wieder, zum letzten Mal, wendet sich Mahler der Erde zu - nicht mehr den Kämpfen und Handlungen, die er loswird (wie schon im Lied von der Erde, mit den beißend absteigenden chromatischen Passagen), sondern erst jetzt ganz der Natur. Wie und wie lange noch will er die Schönheit der Erde genießen! Weit weg von allen Sorgen will er in der freien und reinen Luft der Semmerin seine Heimat machen, diese Luft, die reinste Luft dieses Landes, mit immer tieferen Atemzügen einatmen, damit dieses Herz, das herrlichste, das je unter den Menschen pulsierte, sich immer mehr ausdehnen kann, bevor es aufhören muss zu schlagen.*

Wer könnte diese große Sinfonie besser beschreiben als Berg, Mahlers geistiger Schüler.

Die erste Hälfte ist wirklich großartig, absolut eines der besten Stücke, die der Komponist geschrieben hat.

Die Neunte ist nicht nur das letzte vollendete Werk des Komponisten (die Zehnte wird bekanntlich nur Skizzen für den ersten Satz und sonst wenig enthalten), sondern auch der Abgesang auf die Geschichte der Sinfonie, die mit der

Neunten nach mehr als 150 Jahren ihr Ende findet.
Dieser Zyklus der letzten Werke (mit der Zehnten und Das Lied von der Erde), die alle in Toblach, Mahlers letztem Lebensabschnitt, erdacht und komponiert wurden, wird auch unter dem unheimlichen Namen der Todestrilogie betrachtet, die sicherlich durch Mahlers gesundheitliche Probleme, den Verrat von Alma usw. und sogar einige Jahre vorher, den Tod seiner Tochter in Maiernigg, in der Schwebe war. und noch ein paar Jahre früher das Verschwinden seiner Tochter in Maiernigg. Gerade der Tod des kleinen Mädchens war es, der Mahler Toblach entdecken ließ, der seine Heimat in Kärnten verließ und nach Alt-Schluderbach in Südtirol, in der Nähe von Toblach, zog.
Die veränderte Landschaft spiegelt den tiefgreifenden Wandel wider, der sich in der Seele des Musikers vollzog. Hier ließ er die unvermeidliche Holzhütte bauen, nicht weit von dem Bauernhaus entfernt, in dem er mit seiner Familie die Sommer verbrachte. Und in dieser kleinen Hütte, einer Art Einsiedelei mitten im Wald, begann Mahler im Sommer 1908 mit der Skizzierung der Neunten Symphonie.
Im gleichen Zeitraum und zur gleichen Zeit arbeitete Mahler in Toblach auch an seinem anderen großen Werk, dem Lied der Erde.

Die vier Tempi der Sinfonie Nr. 9

1° Andante comodo, Mit Wut, Allegro risoluto, Leidenschaftlich, Tempo I Andante

2° Im Tempo eines gemachlichen Landlers, Etwas tappisch und sehr derb (In time of a quiet Landler)

3. Rondo - Burleska, Allegro assai, Sehr trotzig (sehr ostinat) - Adagio

4. Adagio. Sehr langsam und noch zurückhalten (Lento).

Das Liede von der Erde

Das *Lied von der Erde* ist eine Komposition für Solostimmen und Orchester, die zwischen 1908 und 1909 in Toblach entstand. Es wurde am 20. November 1911 in München unter der Leitung von Bruno Walter kurz nach dem Tod des Komponisten im Mai uraufgeführt. Obwohl es sich nicht um eine Symphonie im klassischen Sinne handelt, sondern eher um eine Sammlung von Liedern, gehört das Lied von der Erde in das offizielle Verzeichnis der Symphonien Mahlers, obwohl es keine Nummerierung aufweist, der man folgen könnte.
Die Komposition ist in sechs Sätze gegliedert, die jeweils ein Lied aus der Sammlung *Die chinesische Flute* von Hans Bethge vertonen, die im Herbst 1907 erschien. Dies war der dritte Text, den Mahler nach dem *Wunderhorn* und den Gedichtsammlungen von Ruckert verwendete. Mahler hatte bereits in einigen früheren Sinfonien (der Zweiten, Dritten, Vierten und Achten) Stimmen eingesetzt, aber in *Das Lied von der Erde* findet zum ersten Mal eine vollständige Integration von Lied und Sinfonie statt.
Wie bei der Oktave wird das Lied vom gesamten Orchester begleitet.

Sinfonia für Alt, Tenor und Orchester
Text von: Hans Bethge aus ÑDie Zauberflöteì zu chinesischen Texten

1° *Das Trinklied vom Jammer der Erde*
   Allegro pesante. (*Ganze Takte, nicht schnell*)

2° *Der Einsame im Herbst*
   Etwas schleichend. Ermüdet

3° *Von der Jugend* Behaglich heiter

4° *Von der Schönheit* - Comodo Dolcissimo

5° *Der Trunkene im Frühling* Allegro. (*Keck, aber nicht zu schnell*)

6° *Der Abschied* Schwer

Mahler hat die Sammlung dieser chinesischen Gedichte, die alle aus der Zeit zwischen 699 und 799 n. Chr. stammen, sorgfältig studiert und schließlich sieben Beispiele ausgewählt, die er hier kurz zusammenfasst:

a) *Das Trinklied vom Jammer der Erde* (Li Tíai Po) war ursprünglich der vorgesehene Titel des Werks, der später durch den kürzeren und wirkungsvolleren ersetzt wurde, unter dem es heute bekannt ist. Mahler, der die Texte von Bethge mit nur wenigen Änderungen übernommen hat. Die Gedichte behandeln Themen wie: Geboren werden und leben ist böse, und um so herzzerreißender ist die Vision von Jugend und vitaler Gesundheit. Dunkel ist das Leben, dunkel ist der Tod.

b) *Die Einsame im Herbst* (Chang Chi), dieses zweite Lied bietet eine gegenteilige Vision zum vorhergehenden, gleich zu Beginn ist die Ladung des Optimismus offensichtlich, die Natur erscheint glücklich und freundlich zum Menschen. Aber das geschieht nur, weil die Täuschung, die seit jeher auf den Menschen abzielt, nun vollendet ist: Die schönste Jahreszeit ist die, in der sich die Natur verabschieden wird. Auch in diesem zweiten Stück wurden Beziehungen zu Richard Strauss' berühmten *Vier letzten* Liedern festgestellt.

e) *Von der jugend aus Der Pavillon aus Porzellan* (Li Tíai Po) ist die sich in einem Teich spiegelnde Szene dreier Freunde beim Trinken und Plaudern, die an Puccinis zeitgenössisches Werk Turandot erinnert. Die Welt der sanften, kostbaren Farben, die in dem weiß-grünen Porzellanpavillon versammelt ist, schwappt über in die andere Welt, die sich im Wasserspiegel verbirgt. Elegante und raffinierte Meißelarbeiten, bei denen die Ästhetik eine Hauptrolle spielt.

d) *Von der schonheit Am Ufer* (Li Tíai Po) ist die flüchtige Kreuzung zwischen fester Weiblichkeit und beweglicher Männlichkeit: der Charme höchster Zurückhaltung, unter dem eine ungeheure Sinnlichkeit lebt, die bereits resigniert aufgibt.

e) *Der Trinker im Frühling* (Li Tíai Po) fragt: Wenn das Leben nur ein Traum ist, ist dann nicht das Trinken und Schlafen das höchste Glück? Es macht wenig aus, wenn es draußen frühlingshaft ist und ein Vogel singt.

f) *Der Abschied* ist das große Schlusslied, das allein die meiste Zeit der gesamten Sinfonie in Anspruch nimmt. Es vereint zwei Gedichte von Bethge, eines von Mong Hao-Jan und das andere von Wang Wei. Ich kehre an meine Orte zurück, sagt der, der für immer gehen wird. Aber welche Orte? Das Gedicht von Mong Hao-Jan beschreibt das Warten auf den Freund, das von Wang Wei den Moment des Abschieds. Abschied wovon (weit weg von wo klingt die berühmte jiddische Entschuldigung?) Und wohin wird man gehen? Mahler hat sicher an sich selbst gezweifelt, er sah sich wieder als den Staatenlosen, von dem er immer zu sagen pflegte: Böhme in Österreich, Deutscher unter Österreichern und Jude in der Welt. Er ist sich sehr wohl bewusst, dass sein Status als Ausländer in der Welt unrettbar ist.

Von der schönheit

Junge Mädchen pflücken Blumen,
Pflücken Lotosblumen an dem Uferrande.
Zwischen Büschen und Blättern sitzen sie,
Sammeln Blüten in den Schoss und rufen
Sich einander Neckereien zu.
Gold'ne Sonne webt um die Gestalten
Spiegelt sie im blanken Wasser wider,
Sonne spiegelt ihre schlanken Glieder,
Ihre süssen Augen wider.
Und der Zephir hebt mit Schmeichelkosen das Gewebe
Ihrer Ärmel auf, führt den Zauber
Ihrer Wohlgerüche durch die Luft.
O sieh, was tummeln sich für schöne Knaben
Dort an dem Uferrand auf mut'gen Rossen?
Weithin glänzend wie die Sonnenstrahlen,
Schon zwischen dem Geäst der grünen Weiden,
Trabt das jungfrische Volk einher!

► Die Plaque in Erinnerung an das Haus, das von der Familie Mahler im Hamlet Dobbiaco di Alt-Schluderbach bewohnt wurde.

Darin erinnern wir uns, dass die Symphonie NR. 9, die Nummer zehn und der Zyklus von Das Lesede von der Erde wurden hier in den Jahren 1908-1910 komponiert.

Das ROSS des einen wiehert fröhlich auf
Und scheut und saust dahin.
Über Blumen, Gräser, wanken hin die Hufe,
Sie zerstampfen jäh im Sturm die hingesunk'nen Blüten,
Hei! Wie flattern im Taumel seine Mähnen,
Dampfen heissdie Nüstern!
Gold'ne Sonne webt um die Gestalten,
Spiegelt sie im blanken Wasser wider.

Und die schönste von den Jungfrau'n sendet
Lange Blicke ihm der Sehnsucht nach.
Ihre stolze Haltung ist nur Verstellung.
In dem Funkeln ihrer grossen Augen,
In dem Dunkel ihres heissen Blicks
Schwingt klagend noch die Erregung ihres Herzens nach.

Sinfonie Nr. 10 in Fis-Dur (die Krisensinfonie)

Die Symphonie Nr. 10 ist Gustav Mahlers letzte Komposition, ein Werk, das er selbst nicht mehr vollenden konnte. Mahler, der sein Ende voraussah, arbeitete im Sommer 1910 in Toblach intensiv an dieser Sinfonie. Das war eine sehr dramatische Zeit im Leben des Musikers.
In jenem Sommer brach das Drama um den Verrat seiner Frau an Walter Gropius aus, das Mahlers Seele so schwer erschütterte, dass er ein knappes Jahr später starb. Diese fatale Atmosphäre ist in dieser letzten Sinfonie sehr präsent. In der ihm verbleibenden Sommerzeit gelang es ihm, nur den ersten Satz zu vollenden und einen beachtlichen Satz von Notizen für die Konstruktion der restlichen Sinfonie auszuarbeiten. Am Ende des Sommers kehrte er in die Vereinigten Staaten zurück, um seinen Dirigierauftrag zu erfüllen. Er kehrte nie mehr dorthin zurück, da er am 18. Mai 1911 starb.
Nach Skizzen, die nach Mahlers Tod gefunden wurden, sollte die Sinfonie fünf Sätze umfassen:
1. Adagio. Andante

2. Scherzo. Schnelles Vierteln
3° Purgatorio oder Inferno. Allegretto moderato
4. Scherzo. Nicht zu schnell Allegro pesante. ÑDer Teufel tanzt es mit mirì (the devil dances with me).
5. Finale. Einleitung. Langsam, schwer

Wie bereits erwähnt, wurde nach dem Tod des Komponisten nur der erste Satz fast vollständig gefunden. Die anderen vier Sätze sind weniger vollständig, da sie nur teilweise orchestriert sind (der zweite und dritte Satz) oder in Entwurfsform vorliegen (die letzten beiden).

Die Geschichte der Komposition der Zehnten hat eine merkwürdige abergläubische Komponente, die mit dem berühmten Ensemble der Neunten Sinfonie zusammenhängt, d. h. mit der unübertrefflichen Grenze von neun Sinfonien, die für jeden großen Sinfoniker der Vergangenheit die erreichte Grenze darstellte, so z. B. für Beethoven, Schubert, Dvorak und Anton Bruckner. Zuvor hatte der Komponist ein erstes Mal versucht, das Schicksal herauszufordern, indem er mit *Das Lied von der Erde* ein liedsymphonisches Werk komponierte, das man auch als Symphonie im Mahler'schen Metrum bezeichnen könnte, das er aber nicht genau nummerierte, um sich nicht zu früh der Neunergrenze zu nähern.

Nach dem Tod des Komponisten ging das Material in die Hände von Alma über, die diese Mappe mit den Skizzen zur Zehnten bis 1924 niemandem zeigte. In diesem Jahr übergab sie das Material dem österreichischen Musiker Ernst Krenek, dem Ehemann ihrer Tochter Anna.

Krenek vollendete die Instrumentation des dritten Satzes, die auf Mahlers Skizze und den Angaben in den Skizzen beruhte. In den darauffolgenden Jahren hielt sich Alma jedoch mit der Wiederaufnahme dieser Symphonie zurück, da ihr Mann ihr das Rätsel aufgab, dass sie, indem sie das Werk nicht vollendete, weil er früher gestorben war, in irgendeiner Weise seine wahren Gedanken und Ziele verletzte.

Das Dossier wurde erst viele Jahre später, 1949, wieder aufgerollt, als Alma zum ersten Mal Arnold Schönberg auf eine mögliche Fertigstellung des Werks ansprach, doch der müde und kranke Schönberg sah sich nicht in der Lage, den Auftrag anzunehmen. Andere mehr oder weniger bekannte Musiker versuchten sich in den 1950er Jahren an einer persönlichen Neuinterpretation des Werks, darunter auch der englische Musiker Deryck Cooke, der 1960 Almas Erlaubnis erhielt, das Originalmanuskript sorgfältig zu prüfen und eine, wie er selbst sagte, ausführbare Fassung von Mahlers Skizzen zur Zehnten zu erstellen. Cooke ging an diese Aufgabe mit einem gewissen ethischen Bewusstsein heran, indem er versuchte, so wenig wie möglich in Mahlers Skizzen einzufügen, ohne jemals den Anspruch zu erheben, zu rekonstruieren, was der endgültige Wille des Autors gewesen sein könnte. Der erste von Cooke entwickelte Ansatz stieß auf den entschiedenen Widerstand von Alma, der jedoch später seine Meinung änderte und anerkannte, dass es dem englischen Musikwissenschaftler gelungen war, den Geist von Mahlers Werk zu erfassen. Im Laufe der Jahre erstellte Cooke nicht weniger als vier verschiedene Versionen seines Werks. Cookes Version gilt heute als die philologischste und am häufigsten aufgeführte, aber sie ist nicht die einzige. Andere Zehntel sind die von den amerikanischen Musikwissenschaftlern Clinton Carpenter und Joseph Wheeler ausgearbeiteten. Im Jahr 1989 legte ein weiterer italienisch-amerikanischer Musiker, Remo Mazzetti, seine Rekonstruktion vor.

Im Jahr 2001 schließlich wurden die letzten beiden Rekonstruktionen der Sinfonie fast gleichzeitig von dem russischen Dirigenten Rudolf Barshai und den italienischen Musikwissenschaftlern Nicola Samale und Giuseppe Mazzucca vorgestellt.

Brief von Gustav Mahler an seine Frau Alma vom 27. August 1910

Vom Nachttisch am Morgen, Toblach
Meine Liebe, meine Leier,
Komm und vertreibe die Geister der Dunkelheit,
sie haben heute Besitz von mir ergriffen, sie werfen mich zu Boden.
Verlass mich nicht, meine Liebe. Komm bald, damit ich mich erholen kann.
Ich liege hier und warte, während ich im Schweigen meines Herzens frage,
ob ich noch gerettet werden kann oder ob ich verdammt bin.

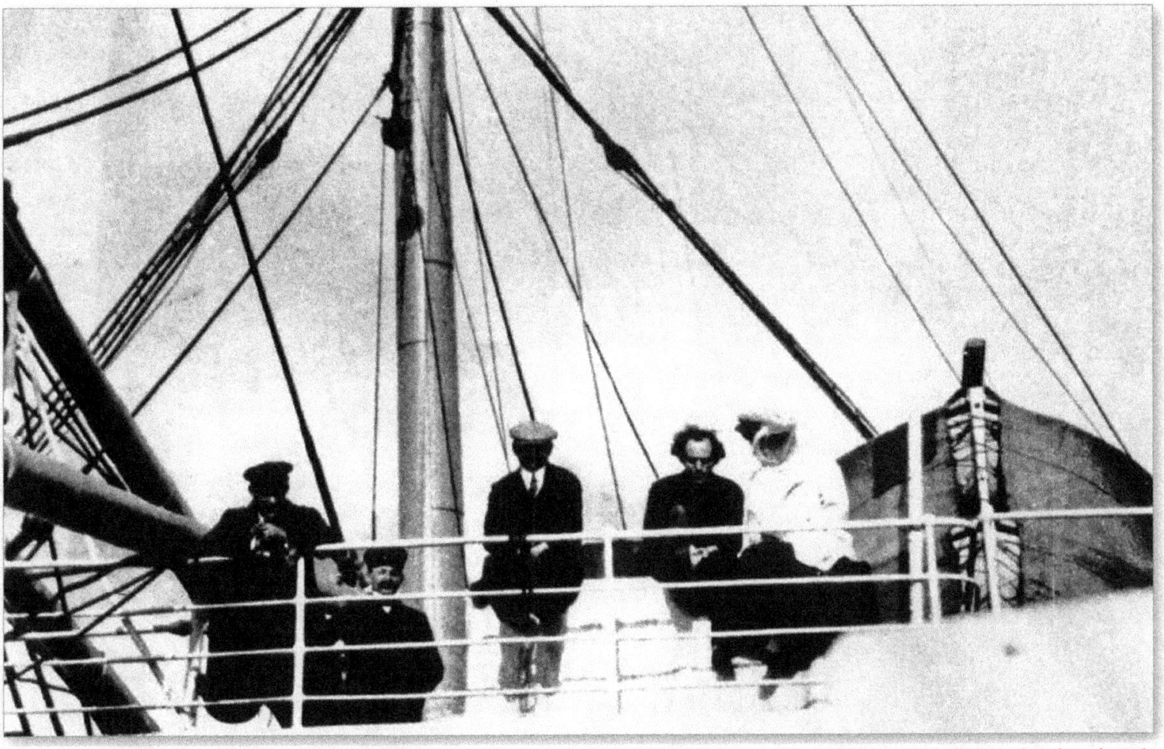

▲ Mahler und Alma auf dem Schiff, das sie für ihre letzte Reise zurück nach Europa bringt. Der Musiker war bereits sehr krank und wird wenige Wochen später sterben. ▼ Karikatur von Mahler im Zusammenhang mit der zehnten Sinfonie. Der Text besagt: Mahler hält die Mappe des Projekts in den Händen, das nicht einmal Beethoven gelungen ist...

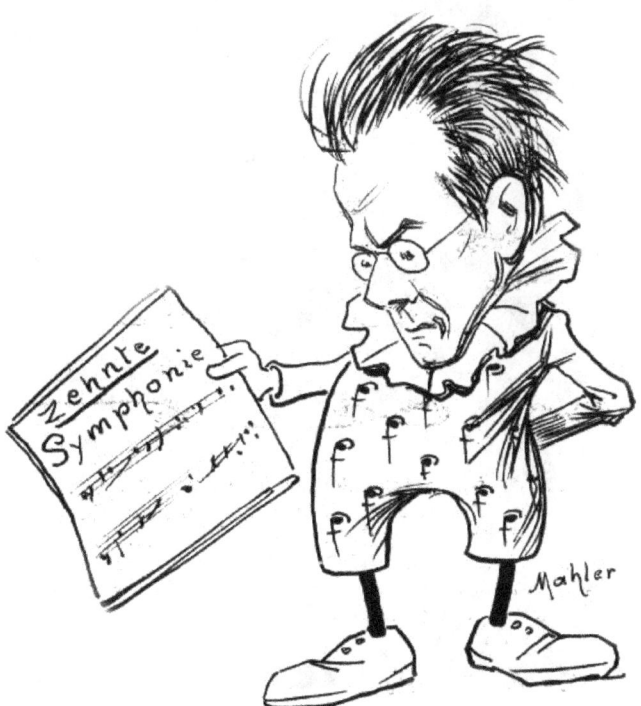

Zehnte
Symphonie
Mahler
Herr Mahler hat das Heft jetzt in der Hand
Er wird drum als Beethoven anerkannt.

▲ Mahler in Begleitung des Schriftstellers Thomas Mann und K. Pringsheim auf den Straßen von München im Jahr 1910.

VOLLSTÄNDIGE LISTE DER WERKE

1866	**Polka für Klavier mit einem einleitenden Trauermarsch** (verschollen)	
1866	**Die Türken** Lied auf den Text: Gotthold Ephraim Lessing (verschollen)	
1875	**Lieder nach Gedichten von Heinrich Heine** (verschollen)	
1876	**Sonate für Violine und Klavier** (von Mahler vernichtet)	
1876	**Nocturne für Cello und Klavier** (von Mahler vernichtet)	
1878	**Klavierquartett a-moll**	
1877-79	**Herzog Ernst von Schwaben** (von Mahler vernichtet)	
1878	**Klavierquintett** (verloren)	
1880	**Das Klagende Lied** Kantate in drei Teilen Text: Gustav Mahler	

    Waldmärchen - Langsam und verträumt

    Der Spielmann - Mit einem sehr geheimnisvollen Ausdruck

    Hoch zeitsstuck - Mit infernalischer Wildheit

1879-83	**Rübezahl** Oper in fünf Akten Libretto: Gustav Mahler (verschollen)
1880	**Die Argonauten** Lyrische Oper Libretto: Mahler und Josef Steiner (von Mahler vernichtet)
1880	**Drei Lieder** für Tenor und Klavier nach Texten von Gustav Mahler. Widmung an J. Poisl

    Im Lenz - F-Dur

    Winterlied - A-Dur

    Maitanz im Grünen - D-Dur

1883	**Fünf Lieder und Lieder seiner Jugend**

    (Lieder und Gesänge, Bd. I) für Gesang und Klavier

    Frühlingsmorgen - (F-Dur)

    Gedenken - (g-Moll)

    Hans und Grethe - (D-Dur)

    Serenade aus "Don Giovanni" - (Des-Dur)

    Fantasia aus "Don Giovanni" - (Fis-Dur)

1882-83	**Nordische Symphonie** (verschollen)
1882-83	**Symphonie a-moll** (verschollen)
1883	**Vorspiel mit Chor** (ging bei der Bombardierung Kassels 1944 verloren)
1884	**Lieder eines fahrenden Gesellen** Text: Gustav Mahler

    Wenn mein Schatz Hochzeit macht - Schneller. Sanft bewegt

    Ging heut' morgen übers Feld - In gemächlicher Bewegung

    Ich hab' ein glühend Messer - Stürmisch, wild

    Die zwei blauen Augen (Die blauen Augen meines Schatzes) -

1884	**Der Trompeter von Säkkingen** (ging bei der Bombardierung Kassels 1944 verloren)
1885-88	**Sinfonie Nr. 1 in D-Dur 'Titan'**

    Aus den Tagen der Jugend - Blumen, Frucht und Dornstücke

      1 Frühling und kein Ende - Einleitung und, Die Enleitung stellt das Erwachen der Natur aus langem Winterschlafe dar

    2 Blumine - Andante allegretto in C-Dur

    3 Mit vollen Segeln - Scherzo Menschliche Komödie

    4 Gestrandet! Ein Todtenmarsch in "Callots Manier" (Ein Trauermarsch in der Manier von Callot)

    5 Dall'Inferno al Paradiso - folgt, als der plötzliche Ausbruch eines im Tiefsten verwundeten Herzens

1888   **Todtenfeier** Symphonische Dichtung für großes Orchester Von Mahler als eigenständige Komposition konzipiert, sollte sie die erste Hälfte der Symphonie Nr. 2 in c-Moll bilden

<u>1888-91</u> **Gesänge aus "Des Knaben Wunderhorn"**

    (Lieder und Gesänge, Bd. II) für Gesang und Klavier Texte: Ludwig Achim von Arnim und C. Brentano

    Ungezogene Kinder brav machen - E-Dur

    Ich ging mit Freuden durch einen grünen Wald - D-Dur

    Raus! Raus! - Des-Dur

    Starke Phantasie - B-Dur

    In Straßburg auf der Redoute - Fis-Dur

    Abschied im Sommer - d-Moll

    Sich trennen und weggehen - F-Dur

    Sich nicht mehr zu sehen - c-Moll

    Selbstwertgefühl - F-Dur

<u>1888-01</u> **Lieder aus "Des Knaben Wunderhorn"**

    für Gesang und Orchester oder Klavier ad libitum Text: Ludwig Achim von Arnim und Clemens Brentano

    "Humoresken", 1892

    Das Schildwache Nachtlied - B-Dur

    Verlorenes Werk! - A-Dur

    Trost im Unglück - A-Dur

    Wer hat sich dieses Liedchen ausgedacht? - F-Dur

    Das himmlische Leben - G-Dur

    Lieder, humoristische und Balladen, 1892-1901

    Das irdische Leben - G-Dur

    Die Fischpredigt des Antonius von Padua - c-Moll

    Ursprüngliches Licht - Des-Dur

    Legende vom Rhein - A-Dur

    Drei Engel sangen - F-Dur

    Lobgesang des hohen Geistes - D-Dur

    Lied der Verfolgten im Turm - d-Moll

    Wo die schönen Trompeten blasen - d-Moll

    Revelge - d-Moll

    Der Tamboursg'sell - d-Moll

1899   **Sinfonie Nr. 1 in D-Dur** Endversion

    Langsam, Schleppend, Wie ein Naturlaut; im Aanfag sehr gemächlich; belebtes Zeitmass

    Kräftig, bewegt, doch nicht zu schnell; Trio, Recht gemächlich

    Feierlich und gemessen, ohne zu schleppen

    Stürmisch bewegt. Energisch

1888-94 Sinfonie Nr. 2 in c-Moll "Auferstehung"
    In fünf Schlägen für Sopran und Ausgleich allein, gemischtes Chor und Orchester
      1 Allegro maestoso. Mit durchaus ernstem und feierlichem Ausdruck
      2 Andante moderato. Sehr gemächlich
      3 In ruhig fließender Bewegung
      4 "Urlicht" - Sehr feierlich, aber schlicht, Choralmässig
      5 Wild herausfahrend. Allegro energico. Langsam.
    Enthält Friedrich Klopstock "Die Aufstehung" -Hymn, die von Malher überarbeitet wurde

1892-93 Lieder eines fahrenden Gesellen Text: Gustav Mahler
    Sprachversion und Orchester
      Wenn mein Schatz Hochzeit macht - Schneller. Sanft bewegt
      Ging heut' morgen übers Feld - In gemächlicher Bewegung
      Ich hab' ein glühend Messer - Stürmisch, wild
      Die zwei blauen Augen - Mit geheimnisvoll schwermüthigem Ausdruck. Ohne Sentimentalität

1895-96 Sinfonie Nr. 3 in d-Moll
    In sechs Schlägen für Solo -Extalto, Frauenchor, Kinderchor und Orchester
    Teil I:
      Kräftig.Entschieden
    Teil II:
      Tempo di minuetto: sehr mässig
      Comodo, Scherzando, Ohne Hast
      Sehr langsam, Misterioso "O Mennsch! gib acht"
      assolo di contralto da "Also sprach Zarathustra" di F. Nietzsche
      Lustig im Tempo und keck im Ausdruck "Es sungen drei Engel"
      Langsam, Ruhevoll, Empfunden (Lento)

1899-00 Sinfonie Nr. 4 in G-Dur In viermal nur für Orchester und Sopranistik
    Bedächtig, Nicht eilen, recht gemächlich (Molto comodo)
    Im gemächlicher Bewegung, Ohne Hast (Con movimento tranquillo)
    Ruhevoll (Calmo)
    Sehr behaglich "Das himmlische Leben" (Molto comodo)
    Für Sopran nur von" Des Knaben Wunderhorn"

1901-02 Rückert-Lieder Text: Friedrich Rückert
    Blicke mir nicht in die Lieder - Sehr lebhaft (fa maggiore)
    Ich atmet' einen linden Duft - Sehr zart und innig (re maggiore)
    Ich bin der Welt abhanden gekommen - Äußerst langsam und zurückhaltend (fa maggiore)
    Um mitternacht - Ruhig, gleichmäßig
    Liebst du um Schoenheit? (- Innig

1901-03 Sinfonie Nr. 5 in cis-Moll
    Teil I: Trauermarsch. In gemessenem Schritt. Streng. Wie ein Konduht
           Stürmisch bewegt. Mit größter Vehemenz
    Teil II: Scherzo. Kräftig, nicht zu schnell
    Teil III: Adagietto. Sehr langsam
           Rondo-Finale. Allegro. Allegro giocoso. Frisch

1901-04 **Kindertotenlieder** Text: Friedrich Rückert
  Nun will die Sonn' so hell aufgeh'n
  Langsam und schwermütig; nicht schleppend (re minore)
  Nun seh' ich wohl, warum so dunkle Flammen
  Ruhig, nicht schleppend (do minore)
  Wenn dein Mutterlein
  Schwer, dumpf (do minore)
  Oft denk' ich, sie sind nur ausgegangen
  Ruhig bewegt, ohne zu eilen (mi bemolle minore)
  In diesem Wetter
  Mit ruhelos schmerzvollem Ausdruck (re minore)

1903-04 **Sinfonie Nr. 6 in a-Moll "Die Tragische"**
  1 Allegro energico, ma non troppo
  2 Scherzo. Wuchtig
  3 Andante moderato
  4 Finale. Allegro moderato - Allegro energico

1904-05 **Sinfonie Nr. 7 in e-Moll**
  1 Langsam (Adagio). Nicht schleppen - Allegro
  2 Nachtmusik. Allegro moderato
  3 Scherzo. Schattenhaft - Trio
  4 Nachtmusik. Andante amoroso
  5 Rondo-Finale. Tempo I (Allegro ordinario) - Tempo II (Allegro moderato ma energico)

1906 **Sinfonie Nr. 8 in Es-Dur "Symphonie der Tausend"**
  In zwei Schlägen für 3 Sopranische, 2 Gegenangriffe, Tenor, Bariton und niedrige Solisten, Kinderchor, Doppelmischchor und Orchester
  Text: Rabano Mauro, inno "Veni Creator"; Goethe, "Faust" scena finale della tragedia
  Teil I: Inno "Veni creator Spiritu" - Allegro impetuoso
  Teil II: Scena finale del Faust di Johann Wolfgang von Goethe - (Allegro moderato)

1908 **Das Lied von der Erde** Symphonie in sechs Stroken für Tenor, Alto und Orchester
  Text: Hans Bethge von "The Magic Flute" auf chinesischen Texten
  1 Das Trinklied vom Jammer der Erde - Allegro pesante. (Ganze Takte, nicht schnell)
  2 Der Einsame im Herbst - Etwas schleichend. Ermüdet
  3 Von der Jugend - Behaglich heiter
  4 Von der Schönheit - Comodo Dolcissimo
  5 Der Trunkene im Frühling - Allegro. (Keck, aber nicht zu schnell)
  6 Der Abschied - Schwer

1909 **Sinfonie Nr. 9 in D-Dur**
  1 Andante comodo, Mit Wut, Allegro risoluto, Leidenschaftlich, Tempo I Andante
  2 Im Tempo eines gemachlichen Ländlers, Etwas täppisch und sehr derb
  3 Rondò - Burleska, Allegro assai, Sehr trotzig - Adagio
  4 (Rondò - Burleska, Allegro assai, Molto ostinato - Adagio)

1910 **Sinfonie Nr. 10 in fis-Moll** In fünf Schlägen für Orchester (unvollendet)
  1 Adagio. Andante
  2 Scherzo. Schnelle Vierteln
  3 Purgatorio oder Inferno. Allegretto moderato
  4 (Scherzo. Allegro pesante. Nicht zu schnell)
  5 "Der Teufel tanzt es mit mir" Finale. Einleitung. (Langsam, schwer)

www.ingramcontent.com/pod-product-compliance
Lightning Source LLC
LaVergne TN
LVHW081456060526
838201LV00051BA/1812